Sabine Peter

Schritte auf dem Weg zum Miteinander in der multikulturellen Gesellschaft

Interkulturelle Gärten

Eine psychologisch-dialogphilosophische Perspektive

DIALOGISCHES LERNEN

Herausgegeben von Dr. Cornelia Muth

1 *Cornelia Muth*
Willst Du mit mir gehen, Licht und Schatten verstehen?
Eine Studie zu Martin Bubers Ich und Du
ISBN 3-89821-337-4

2 *Susanna Matt-Windel*
Werden am Du – Dialogik in der Eltern-Kleinkind-Beratung
Ein philosophisch-pädagogisches Handlungskonzept nach der Dialogphilosophie Martin Bubers am Beispiel der interaktionellen Eltern-Kleinkind-Beratung
ISBN 3-89821-374-9

3 *Sabine Peter*
Schritte auf dem Weg zum Miteinander in der multikulturellen Gesellschaft
Interkulturelle Gärten
Eine psychologisch-dialogphilosophische Perspektive
ISBN 3-89821-464-8

Sabine Peter

SCHRITTE AUF DEM WEG ZUM MITEINANDER IN DER MULTIKULTURELLEN GESELLSCHAFT

Interkulturelle Gärten

Eine psychologisch-dialogphilosophische Perspektive

ibidem-Verlag
Stuttgart

Bibliografische Information Der Deutschen Bibliothek

Die Deutsche Bibliothek verzeichnet diese Publikation in der Deutschen Nationalbibliografie; detaillierte bibliografische Daten sind im Internet über <http://dnb.ddb.de> abrufbar.

∞

Gedruckt auf alterungsbeständigem, säurefreien Papier
Printed on acid-free paper

ISSN: 1614-4643

ISBN: 3-89821-464-8

Printed in Germany

Vorwort der Herausgeberin

Der hier niedergeschriebene Geist ist einzigartig: Sabine Peter verbindet die Dialogphilosophie Martin Bubers mit den psychologischen Aussagen von Erich Fromm und Fritz Riemann, um die brennenden Fragen der Gegenwartsgesellschaft zu beantworten. Ihre damit einhergehenden Einsichten veranschaulicht die Autorin durch den Bezug zu den überall in Deutschland entstehenden und wachsenden Interkulturellen Gärten.

Wie ist ein Gespräch, das das Gegenüber wirklich meint, möglich, welche Chancen ganz ohne Illusionen hat der multikulturelle Dialog und welchen Sinn macht überhaupt eine zwischenmenschliche Begegnung? Dazu offenbart Sabine Peter mit viel Feingefühl, Klarheit und Offenheit anregende Erkenntniswege.
Möge sich dieser Geist den LeserInnen zeigen!

Prof. Dr. Cornelia Muth

Inhaltsverzeichnis

1 Einleitung

Es ist ein Gemeinplatz geworden, zu sagen, dass wir in Deutschland in einer multikulturellen Gesellschaft leben. Allerdings scheint es schwer zu sein, wirklich miteinander zu tun zu bekommen. Die vorliegende Studie geht aus psychologischer Sicht der Frage nach, was das Aufeinander-zu von Menschen verschiedener Herkunft be- oder verhindert und sucht nach einer philosophischen Antwort für ein mögliches Gelingen. Unter Zuhilfenahme dieser beiden Pole werden die „Interkulturellen Gärten“ - ein noch junges Integrationsprogramm für Menschen mit und ohne Migrationshintergrund - auf die Gründe ihres Erfolgs, blinde Flecken und die gesamtgesellschaftliche Relevanz hin befragt.

Wolfgang Nieke (zit. nach Bracht, 1994, S.37) unterscheidet vier Möglichkeiten für eine einheimische Majorität, sich ihren zugewanderten Minderheiten gegenüber zu verhalten. Er stellt fest, dass die Forderung nach Assimilation weit verbreitet ist. Menschen der verschiedenen Minderheitsgruppierungen sollen demnach ihre Eigenarten aufgeben und sich den Lebensgewohnheiten der Mehrheit anpassen. Ferner sei die Tendenz zu beobachten, dass Minderheiten vertrieben oder sogar vernichtet werden, weil ihre Andersartigkeit nicht ertragen werden kann. Das Spektrum zur Erreichung dieses Zieles umfasst nach Nieke die Bandbreite von Rückkehrhilfen bis Ermordung. Eine weitere Möglichkeit des Umgehens mit Minderheiten besteht in deren Segregation, worunter die räumliche Trennung von der Mehrheitsbevölkerung, die Verweigerung politischer Teilhabe und soziale Marginalisierung zu verstehen ist. Diese äußert sich unter anderem darin, Aufstiegschancen so gering wie möglich zu halten. Nur die gleichberechtigte Aufnahme der Zuwanderer in das soziale System der Aufnahmeländer, unter Wahrung der jeweiligen kulturellen Identität, würde neue Formen des multikulturellen Miteinanders ermöglichen. Folgt man Niekes Auflistung, so ergibt sich ein Verhältnis von 3:1 zuungunsten der Gestaltung einer multikulturellen Gesellschaft, in der alle Platz haben.

Der Religionswissenschaftler Theo Sundermeier (1996) thematisiert, dass in der Literatur der „Fremde“ bis vor kurzem keine Rolle spielte. Wenn überhaupt, so wird er als „... Sonderfall, als der Extremfall des anderen“ (ebd. S. 137) erwähnt. Er erklärt dieses Faktum damit, dass interkulturelle Erfahrungen nicht zum Normalfall des alltäglichen Lebens gehörten.

Das hat sich in den letzten 50 Jahren in Deutschland grundlegend verändert. Wohin man schaut: In der Fußgängerzone einer beliebigen Stadt, in Grundschulklassen, in öffentlichen Transportmitteln… überall trifft man auf ein buntes Bild menschlicher Gesichter und Hautfarben und auf das klangvolle Stimmengewirr von Vielsprachigkeit. Offizielle Statistiken bestätigen diesen subjektiven Eindruck. Miteinander leben lernen, ist daher eine Notwendigkeit des modernen Lebens geworden, die alle Mitglieder der Gesellschaft angeht.

Nieke (1995) fordert als Antwort auf die - als dauerhaft zu akzeptierende - multikulturelle Gesellschaft eine interkulturelle Erziehung. Der Bildungskatalog, den er aus der bestehenden Literatur zu diesem Thema zusammenträgt, umfasst 10 Zielsetzungen, die Konzepten entstammen, die z .T. unvereinbar miteinander konkurrieren. So wird einerseits auf Begegnung gesetzt, die Gemeinsamkeiten zutage bringen soll und Harmonie anstrebt und andererseits die Forderung erhoben, Differenzen zu akzeptieren und damit dem unvermeidlichen Konfliktpotenzial Raum zu geben. Die widersprüchliche Forderung lautet, Verschiedenheit aufzuheben und gleichzeitig anzuerkennen. Ratlosigkeit kommt hier ebenso klar zum Ausdruck wie die Einsicht in die Notwendigkeit, mit der Tatsache der multikulturellen Gesellschaft in Deutschland aktiv umgehen zu müssen. Die vorliegende Studie will einen Beitrag zur facettenreichen Auseinandersetzung mit dem Thema leisten.

Die im Titel angekündigten „Schritte auf dem Weg zum Miteinander“ finden sich in den Kapitelüberschriften wieder. Sie heißen: 1. Die Angst ernst nehmen, die ein Miteinander verhindert 2. Vertrauen wagen, das die Hinwendung zum Anderen ermöglicht 3. Gemeinsam Handeln im Übungsraum Garten, dessen Symbolkraft über die gärtnerischen Aktivitäten hinaus dazu ermutigt, miteinander ins Gespräch zu kommen.

Meine Studie besteht aus drei Hauptteilen, die am Schluss zusammengeführt werden. Das erste Hauptkapitel widmet sich der Frage, welche Rolle die Angst spielt, um ein gleichberechtigtes Miteinander von Menschen zu verhindern. Die psychologische Erklärung von Widerständen gegen interkulturelle Konzepte, die ihren Ursprung in der Angst haben, ermöglicht die Einbeziehung dieses Faktors bei der Entwicklung neuer und der Weiterentwicklung bestehender interkultureller Projekte. Zu Beginn werden intrapsychische Vorgänge dargestellt, die anschließend in Beziehung zu soziologischen Gegebenheiten gesetzt werden. Die Fragestellung der kulturellen Entstehung von Fremdenangst mündet schließlich in eine sozialpsychologische Perspektive ein.

Der Psychoanalytiker Fritz Riemann (1979) hat mit den „Grundformen der Angst“ ein Modell geschaffen, das einen Überblick darüber vermittelt, wie unterschiedlich

Menschen den abstrakten Begriff Angst erleben und welche subjektiven Verhaltensweisen daraus folgen.
Erich Fromm, der 1934 in die Vereinigten Staaten emigrierte und dort das Mexikanische Psychoanalytische Institut gründete, bringt die von Riemann beschriebenen intrapsychischen Vorgänge in Zusammenhang mit der Gesellschaft. Die Angst vor Isolation ist für Fromm die dominierende Grundangst des Menschen. Vorgestellt werden drei generelle Möglichkeiten, der Einsamkeit zu entfliehen, die Fromm (1980) in seinem Buch „Furcht vor der Freiheit“ aufzeigt.
Da die Begriffe Gesellschaft, Nation und Kultur eng mit der Identitätsbildung zusammenhängen, wird der Bogen zur Ethnopsychoanalyse geschlagen. Für Ethnopsychoanalytiker gilt die verbindliche Regel, sich als Wissenschaftler über die eigene kulturelle Prägung ebenso klar zu werden, wie diejenige des Gegenübers zu erforschen. Der Ethnopsychoanalytiker Mario Erdheim (1984) beschäftigt sich aus dieser Perspektive mit dem Begriff des „Fremden“ in seiner Ambivalenz von Faszination und Bedrohung. Den Rahmen für Erdheims Überlegungen bildet das 18./19. Jahrhundert, in dem die Nationalstaaten, als die bisher größte Einheit menschlicher Zusammengehörigkeit entstanden. Am Beispiel der beiden gegensätzlichen Prinzipien von Familie und Kultur, erläutert er das Phänomen nationaler Identität, für das die Beziehung zum Fremden eine zentrale Rolle spielt.
Aus sozialpsychologischer Perspektive arbeitet Dan Bar-On, Professor für Psychologie an der Ben Gurion Universität in Israel und Gründer des Peace Research Institute in the Middle East, Aspekte der Konflikte zwischen Israelis, Palästinensern und Deutschen heraus. Sein Ansatz liegt in der Einrichtung von psychologisch durchdachten Gesprächsgruppen, in denen Menschen verfeindeter Parteien miteinander reden lernen können. Seiner Überzeugung nach, braucht die „große Politik“ die Bereitschaft einzelner Menschen, sich auf Menschen von der „anderen Seite“ einzulassen, um erfolgreich sein zu können. Seine Analyse von drei Phasen der Identitätsbildung beschließt den ersten Teil der Arbeit.
Im zweiten Teil werden ausgewählte Elemente der Dialogphilosophie des Sozialphilosophen und Literaten Martin Buber vorgestellt. Sein Ansatz beginnt da, wo die Psychologie und alle Wissenschaften seiner Meinung nach ihre Grenze haben. Während diese analysieren, also zerlegen müssen, bezeichnet Buber die ganzheitliche Begegnung zwischen Mensch und Mensch, die er Ich-Du Beziehung nennt, als konstituierend für das Mensch-sein. Dieses Verbundenheit stiftende Miteinander hat die

Verschiedenheit von Menschen zur Voraussetzung. Sie bezieht die religiöse Dimension ein, was für einen fruchtbaren Ansatz jedweder interkulturellen Arbeit unverzichtbar erscheint. Aufeinander aufbauend werden einige zentrale Elemente der Dialogphilosophie, Bubers Sozialutopie, seine Vorstellung von Gemeinschaft und deren Einflusspotenzial auf die Gesellschaft vorgestellt. Um einen authentischen Eindruck von Bubers Denken zu gewährleisten, das sich in Sprachschöpfungen und eigenwilliger Ausdrucksweise niederschlägt, finden sich in diesem Teil der Studie mannigfaltige Zitate. Den Abschluss bilden zwei Kapitel, von denen das erste die kritische Haltung Bubers gegenüber der Psychoanalyse zusammenfasst und damit die Verbindung der beiden ersten Hauptteile der Arbeit schafft. Im letzten Kapitel werden sechs Schritte skizziert, die Buber für die Heilung des Menschen als relevant ansieht.

Unter der Überschrift: „Gemeinsam handeln“ werden die „Interkulturellen Gärten“ vorgestellt. Da das aus der Praxis heraus in Selbsthilfe organisierte Integrationsprojekt noch sehr jung ist, hat die theoretische Reflektion gerade erst begonnen. Zusätzlich zur vorhandenen Literatur liegen der Darstellung Gespräche mit Gärtnern und Gärtnerinnen in Leipzig, Dessau und Göttingen zugrunde. Das Projekt wendet sich an Zuwanderer ebenso wie an deutsche Einheimische. Auf dem Hintergrund der in Deutschland üblichen für-sorgenden Sozialarbeit, werden die Grundlagen eines Integrationsverständnisses jenseits von Assimilationsforderungen hergeleitet und die Praxis in den „Interkulturellen Gärten“ beschrieben. Nach einem Überblick über die Vielfalt der Erscheinungsformen wird auf einzelne Aspekte der gärtnerischen Tätigkeit ausführlicher eingegangen, indem die zusammengehörige Komplexität des Geschehens in den Gärten in thematische Blöcke zerlegt wird. Das Kapitel endet mit der Darstellung des Selbstverständnisses der Stiftung Interkultur, die die praktische Arbeit in den „Interkulturellen Gärten“ wissenschaftlich begleitet.

Den Abschluss der Studie bildet eine Zusammenführung der verschiedenen Teile. Anhand der psychologischen und dialogphilosophischen Überlegungen erfolgt eine kritische Würdigung des Projekts „Interkulturelle Gärten“, aus der heraus weiterführende Fragen und Anregungen für zukünftige Forschungsfelder entwickelt werden.

Sprachlich setzt sich in den ersten beiden Hauptteilen die maskuline Ausdrucksweise durch, die der deutschen Sprache inhärent ist. Im dritten und vierten Hauptteil wird sowohl von „der Gärtnerin und dem Gärtner“ als auch von „GärtnerInnen“ die Rede sein. Das Nebeneinander der verschiedenen Sprachweisen drückt den Willen der Verfasserin aus, sich an der Suche nach einer geschlechtergerechten Ausdrucksweise zu beteiligen. In gesellschaftlichen wie sprachlichen Umbruchzeiten scheinen Übergangslösungen, die ihrem Wesen nach keine fertigen Ergebnisse liefern können, angemessen. Solche, sich in Entwicklung befindlichen Prozesse, sind Gegenstand der vorliegenden Studie.

2 Die Angst wahrnehmen

Am Beginn dieser Studie steht die Frage danach, wie das Phänomen der Angst erklärt werden kann und welchen Einfluss Angst in ihren verschiedenen Erscheinungsformen auf den Einzelnen und das Miteinander von Menschen hat. Die Reflektionen geschehen aus psychoanalytischer und sozialpsychologischer Sicht.

2.1 Fritz Riemann: Grundformen der Angst

2.1.1 Einführung und theoretischer Hintergrund

Der Psychoanalytiker Fritz Riemann (1979) geht davon aus, dass Angst unvermeidlich zum Menschsein gehört. Sie ist zwar nicht ständig spürbar präsent, doch kann sie jederzeit durch innere oder äußere Ereignisse ins Bewusstsein treten. Sie erinnert an die Abhängigkeiten des Menschen und an das Wissen um die Vergänglichkeit seines Lebens. Riemann geht davon aus, dass es in jedem Menschenleben und in allen Kulturkontexten die Erfahrung von Angst erzeugenden Grenzüberschreitungen gibt. Jeder Mensch erlebt dieses abstrakt beschriebene Phänomen Angst jedoch auf subjektive Weise. Sie tritt nach Riemann immer dort auf, wo Menschen in eine Situation geraten, in der die gewohnten Verhaltensweisen nicht funktionieren.

Riemann stellt den Ängsten, die an Übergangssituationen gebunden sind, die individuellen Ängste gegenüber, die nicht unmittelbar nachzuvollziehen sind, weil sie in Lebensbedingungen entstehen, die sich voneinander wesentlich unterscheiden. Sind beispielsweise Menschenansammlungen der Grund für die Angst des Einen, leidet eine Andere, wenn sie allein ist, ein Dritter hat Angst, eine Brücke zu überqueren und eine vierte Person fürchtet sich vor Spinnen... Riemann geht davon aus, dass Art und Intensität der Angst eines Menschen sowohl von dessen genetischem Erbe als auch den Umwelteinflüssen abhängen, in die er hineingeboren wird: Die sozio-ökonomischen Bedingungen, in denen er aufwächst, die je persönliche, körperliche und seelisch-geistige Konstitution und die individuelle Biografie. Die ersten Lebensjahre spielen dabei eine besondere Rolle. Riemanns Anliegen ist es, auf die Möglichkeit der Nachentwicklung „... zunächst schicksalhaft ungenügend entwickelter, vernachlässigter, fehlgeleiteter oder überfremdeter und unterdrückter Teilaspekte unseres Wesens..." (ebd. S. 18) hinzuweisen. Er betont die Möglichkeit, dass der Einzelne innerhalb der ihm vorgegebenen Grenzen, die erworbene Struktur verändern und vervollständigen *kann*. Um diesen Handlungsspielraum aktiv nutzen zu können, braucht er allerdings Selbst- und Fremdkenntnis. Riemann geht davon aus, dass der unreflektierte Mensch automatisch auf die vielfältigen Formen der Abwehrmechanismen[1] zurückgreift, um sich der Illusion hinzugeben, die auf diese Weise unsichtbar gemachte Angst endgültig ausgelöscht zu haben.

Für die Entwicklung seiner Theorie überträgt Riemann die vier Grundimpulse, die den Kosmos zusammenhalten (Drehung der Erde um die Sonne bei gleichzeitiger Eigendrehung, Schwerkraft und gleichzeitig wirkende Fliehkraft) ins Psychologische und kommt zu dem Schluss, das vier Forderungen an das menschliche Leben gestellt werden, die sich paarweise ergänzen und gleichzeitig widersprechen. Der Mensch soll ein einmaliges und eigenständiges Einzelwesen werden und sich gleichzeitig einordnen in ein größeres Ganzes. Er soll nach Dauer und Beständigkeit streben und gleichzeitig bereit sein zu Veränderung und Aufbruch zu Neuem. Riemann benennt damit Nähe und Distanz, Dauer und Veränderung als Grundimpulse des Lebens, denen gegenüber sich jeder Mensch verhalten muss. Die Angst, die bei der Umsetzung der Impulse frei wird, weist gleichzeitig auf die Sehnsucht hin, ihnen entsprechen zu können. Für Riemann besteht die Lebensaufgabe darin, diese Kräfte in ein Gleichgewicht zu bringen. Das anzustrebende Gleichgewicht hat dabei nicht die Statik des „ein für alle mal“, sondern ist ein „immer wieder Herzustellendes“ (ebd. S. 16).

Von dieser theoretischen Basis ausgehend, beschreibt Riemann „vier Arten des In-der-Welt-Seins“ (ebd. S.17), die Riemann mit dem Vokabular der Neuroselehre als schizoid, depressiv, zwanghaft und hysterisch bezeichnet. Riemann betont, dass alle Persönlichkeitsstrukturen eine Bandbreite von gesund bis krank aufweisen und die Möglichkeit zur positiven Entfaltung haben. Zur Veranschaulichung der Strukturen hält er sich jedoch an die Beschreibung der krankhaften Verwicklungstendenzen der jeweiligen Persönlichkeitsmuster. Sie werden nachfolgend vorgestellt. Jedes Kapitel beginnt mit einem für die Struktur typischen Traum.

2.1.2 Schizoide Persönlichkeiten

> Eine Festung aus Zementmauern mit wenigen kleinen Gucklöchern in einer riesigen Sandwüste; die Festung ist schwer bewaffnet und mit Lebensmitteln für Jahre ausgestattet; ich bewohne sie allein (ebd. S. 49).

---

[1] Anna Freud (vgl. ausführlich 2003), beschreibt die verschiedenen Formen von Abwehrmechanismen, deren bekannteste wohl die Verdrängung ist, mit deren Hilfe es dem Menschen zu gelingen scheint, der als unangenehm empfundenen Angst auszuweichen, indem sie geleugnet oder überspielt wird und auf diese Weise ins Unbewusste verbannt wird.

Bei der schizioiden Persönlichkeitsstruktur überwiegt die Angst vor der Hingabe, während der Impuls, sich mit anderen Menschen zu verbinden ignoriert wird. Sie entspricht deshalb der Forderung zur Selbstbewahrung überdimensional.
Das Grundempfinden der schizoiden Persönlichkeit der Welt gegenüber besteht darin, sich vor ihr schützen zu müssen. Dies gelingt ihrer Meinung nach am Besten dadurch, so unabhängig wie möglich zu leben, niemandem verpflichtet und von niemand abhängig zu sein. Die schizoide Persönlichkeit zieht deshalb einen weiträumigen „Distanzgürtel" um sich herum und setzt sich gegen Nähe zur Wehr, indem sie Begegnungen versachlicht und mit anderen Menschen nur kurze, oft wechselnde und unverbindliche Beziehungen eingeht. Sie neigt dazu, sich Gruppen und Kollektiven anzuschließen, die ihr sowohl erlauben, anonym zu bleiben als auch Dazugehörigkeit über gemeinsame Interessen zu erfahren. Jede Form von Nähe wird als Bedrohung erlebt. Der Graben, der sich zwischen einer schizoiden Persönlichkeit und den Mitmenschen auftut, führt zu Unsicherheit in der Interaktion, woraus einerseits Misstrauen und Eigenbezüglichkeit, andererseits die Flucht in den erkennenden Intellekt, die Ratio, das Bewusstsein resultieren. Ziel ist es, möglichst losgelöst von Gefühlen Orientierung zu finden. Auf andere wirken schizoid strukturierte Menschen distanziert, schwer ansprechbar und unpersönlich. Sie selber erleben sich oft als einsam und isoliert.
Wie bei allen anderen Persönlichkeitsstrukturen auch, ist der Auslöser für alle Bemühungen die nagende Anklage, nicht liebenswert zu sein. Als Kompensation neigen schizoide Persönlichkeiten dazu, andere Menschen herabzusetzen, ihnen mit Zynismus zu begegnen oder eifersüchtig zu prüfen, ob Freunde sie wirklich lieben. Die unbewusste Angst vor Hingabe erlebt die schizoide Persönlichkeit bewusst in Form von Bindungsangst. Diese ist der Auslöser von Aggression, von wo es bis zum Hass nicht mehr weit ist. Von der Welt in seiner Existenz bedroht, erlebt sich die schizoide Persönlichkeit wie ein Neugeborenes, das schutzlos ausgeliefert ist. Diese Bedrohung rechtfertigt in ihren Augen das Ausleben unkontrollierter Aggressionen wie Schroffheit, verletzende Schärfe, eisige Kälte und dem Umschlagen von Zuwendung in Ablehnung, die im Extremfall mit Mord enden kann. Angstabwehr kann zur lustvollen Aggression werden und wird - weil die Beziehung zum Gegenüber fehlt - oft ohne Schuldgefühle ausgelebt. Aggression dient der schizoiden Persönlichkeit als Schutz und Abwehr, gleichzeitig ist sie aber auch Mittel zur Kontaktaufnahme. Dies wird von den Mitmenschen oft nicht erkannt und deshalb missverstanden, was die Rückzugstendenz des Menschen mit schizoider Persönlichkeitsstruktur verstärkt. Sie

sind auf gleichmäßige Zuwendung angewiesen, die ihnen Zeit gibt, die Kontaktlücken zu füllen.
Wenn schizoid strukturierte Menschen ihre Angst vor Hingabe überwinden und sich der Welt vertrauensvoll zuwenden, können sie zu höchster Menschlichkeit gelangen.

2.1.3 Depressive Persönlichkeiten

> Ich mache mit meinem Vater eine Bergwanderung; der Weg ist sehr steil, ich trage den Rucksack, dazu noch seinen Mantel und ein Paket mit Sachen von ihm (ebd. S. 104).

Depressive Persönlichkeiten kennzeichnet nach Riemann die Angst davor, ein eigenständiger, einzelner Mensch zu werden. Sie überbetonen den Impuls, sich in ein größeres Ganzes einzuordnen und nennen dies Hingabe. Depressive Persönlichkeiten sind das Gegenstück zur schizoiden Struktur.
Ihr Bestreben geht dahin, die Distanz zwischen Ich und Du aufzuheben. Distanz macht ihnen Angst, weil sie als Verlassen-werden empfunden wird. Um dieses unangenehme Gefühl zu vermeiden, scheint Abhängigkeit für sie eine Lösung zu bieten. So binden sie entweder jemanden an sich, für den sie unentbehrlich werden oder sie machen sich selber von jemand abhängig, der sie wegen der eigenen Hilflosigkeit nicht, oder nur unter großen Schuldgefühlen verlassen kann. Nähe bedeutet für depressive Persönlichkeiten Sicherheit und Geborgenheit. Wer „Ich“ sagt, markiert unweigerlich ein Anderssein und steht dazu, dass er sich vom anderen Menschen unterscheidet. Um diese Kluft zwischen Ich und Du zugunsten eines Wir aufzuheben, verzichten depressive Persönlichkeiten auf die Ich-Werdung. Sie wollen vertrauen und meiden deshalb alles, was dieses Vertrauen erschüttern könnte: Auseinandersetzungen werden umgangen, Schwieriges an anderen Menschen wird verharmlost und zum Guten gekehrt. Um der Harmonie willen entwerfen depressive Persönlichkeiten eine Ideologie der Tugenden, deren Elemente Selbstlosigkeit, Mitleid und Bescheidenheit sind. Indem sie auch erniedrigende Situationen duldend ertragen, entwickeln sie häufig ein moralisches Selbstbewusstsein, das sich über andere stellt.
Depressive Persönlichkeiten entziehen sich der Selbstwerdung, indem sie durch den Verzicht auf eine eigene Meinung, eigene Wünsche und Vorstellungen die Angst vor der Einsamkeit bannen. Dabei wird ihnen nicht bewusst, dass sie hergeben, was sie noch gar nicht besitzen: Das eigene Ich. Dieser Selbstbetrug führt dazu, hoffen zu

müssen, dass ihnen gegeben wird, was sie sich selber nicht zu nehmen erlauben. Da diese Erwartung oft nicht erfüllt wird, kommt es zu Enttäuschungen. Neidisch schauen die depressiven Persönlichkeiten auf die, die sich selber nehmen, was sie wollen und brauchen, wobei der eigene Neid ihnen nicht bewusst ist.

Depressive Persönlichkeiten können Aggressionen nicht zulassen, weil sie nicht in die Ideologie der Bedürfnislosigkeit passen. Aggressionen werden kompensiert

- indem andere Menschen mit überbesorgter Liebe überschüttet und damit gleichsam „erstickt" werden,
- durch Jammern und Klagen, die Rücksichtnahme erzwingen sollen
- durch ausgeprägtes Selbstmitleid, das in Selbsthass und Selbstzerstörung münden kann.

Depressive Persönlichkeiten fühlen sich für zu viel verantwortlich, können sich zwar gut in andere einfühlen, aber sich nicht wieder zu sich selber zurücknehmen.

Das nicht gelebte Subjektsein führt dazu, hassen und neiden zu müssen, sich ohnmächtig zu fühlen und am Ende bitter zu werden, weil andere Menschen die selbstlose Art der depressiven Persönlichkeiten auszunutzen wissen. Wenn sie die Selbstwerdung wagen, kann echte Demut und große Liebesfähigkeit heranreifen.

2.1.4 Zwanghafte Persönlichkeiten

Träume sind Schäume!

Bei der zwanghaften Persönlichkeit überwiegt die Angst vor der Vergänglichkeit und der Versuch, Dauer und Sicherheit zu erlangen ist überdimensional ausgeprägt.

Die zwanghafte Persönlichkeit sucht das Vertraute und Bekannte. Alles soll so bleiben, wie es schon immer war. Jede Art von Veränderung verunsichert und wird deshalb umgangen, verzögert oder bekämpft. Grundsätze werden zur Regel und zum Gesetz gemacht. Alles Neue ruft Vorurteile hervor, die vor Überraschungen schützen sollen. Zielbewusstes Vorausplanen und Vorsicht machen die unbewusste Angst vor Risiko unsichtbar. Hinter Gewohnheit, Dogma und Fanatismus steht die Angst vor Wandlung, Vergänglichkeit und Tod. Dies ist der zwanghaften Persönlichkeit unbewusst. Bewusst ist nur, dass sie das „Richtige" vertreten möchte. Zwanghafte Persönlichkeiten neigen dazu, alles und alle zwingen zu wollen so zu sein, wie sie es für richtig halten. Lebendiges soll im Voraus berechenbar sein. Traditionen werden in Ehren gehalten. Zwanghafte Persönlichkeiten fürchten, dass ein Chaos ausbrechen könnte, wenn sie die Kontrolle lockern und die Dinge einfach geschehen ließen.

Macht, Wissen und Übung sollen sie absichern vor Unvorhersehbarem. So überlegen sie stets, was wäre, wenn.... Die Absicherung vor dem, was nicht sein darf geschieht durch

- Zaudern und Zögern, um eine Entscheidung hinauszuzögern und
- Rationalisieren, um sich nicht einer Spontaneität überlassen zu müssen.

Alles was verdrängt wird, staut sich jedoch auf und erzeugt einen Innendruck und es braucht immer stärkere Energie, um die Verdrängung aufrecht zu erhalten. So kommt es dazu, dass die zwanghafte Persönlichkeit zum intoleranten Prinzipienreiter werden kann.

> Nimmt man alles so prinzipiell, wird lebendige Ordnung zu pedantischer Ordentlichkeit, notwendige Konsequenz zu unbelehrbarer Starrheit, vernünftige Ökonomie zu Geiz, gesunder Eigenwille zu trotzigem Eigensinn bis zur Despotie (Riemann, 1979, S. 113).

Auch Menschen sollen funktionieren. Weil ihre unberechenbare Andersartigkeit nicht ertragen werden kann, neigt die zwanghafte Persönlichkeit dazu, sie aus Machtbedürfnis von sich abhängig zu machen.

Aggressionen werden aus Angst vor Strafe nicht zugelassen. Zwanghafte Persönlichkeiten entwickeln eine Ideologie der Selbstbeherrschung, richten die Aggressionen gegen den Feind draußen, und sind dabei überzeugt, etwas Notwendiges zu tun. Die Vernichtung des Feindes wird im Alltag genauso wie im Krieg zur Tugend. Unter dem Mantel eines guten Prinzips wird in der Verbindung zur Macht die Aggression ausgelebt: Im Namen von...

Gelingt es zwanghaft strukturierten Menschen, die Angst vor Veränderung und Vergänglichkeit zu überwinden, sind sie unverzichtbare Stützen der Gesellschaft, indem sie Traditionen, die Orientierung und Halt geben aufbauen und erhalten, ohne notwendige Wandlungen zu verhindern.

2.1.5 Hysterische Persönlichkeiten

> In ausweglosen Situationen kann man fliegen, oder man hat magische Fähigkeiten oder ein deus ex machina taucht plötzlich auf und rettet die Situation (ebd. S. 198).

Hysterische Persönlichkeiten haben überdimensionale Angst vor dem Endgültigen, vor dem Notwendigen und Unausweichlichen. Sie erleben diese unbewusste Angst bewusst als eine Begrenzung ihres Freiheitsdranges.

Traditionen und Gesetzmäßigkeiten, die Werte der zwanghaften Persönlichkeiten, werden von den hysterischen Persönlichkeiten gefürchtet. Für sie ist die Zukunft ein offen vor ihnen liegender Freiraum, der alle Möglichkeiten enthält. Risikofreudig bejahen hysterische Persönlichkeiten alles Neue. Wichtig ist für sie der Augenblick. So betrachtet, sind sie geschichtslose Menschen, was die Vergangenheit betrifft und sich wenig um die Auswirkungen ihres Handelns kümmernde Menschen, was die Zukunft angeht. Spielregeln menschlichen Zusammenlebens sind für sie ebensolche Einengungen wie Naturgesetze, die der Kausalität von Ursache und Wirkung unterliegen. Geschlechterrollen, Altern und Tod, Vorschriften und Gesetze ignorieren hysterische Persönlichkeiten und setzen sie durch Relativierung außer Kraft. Auf diese Weise schaffen sie sich ihre eigene Welt, die auf Illusionen gründet und zu einer Lebenslüge werden kann. Die Kluft zwischen der Welt der anderen und der eigenen Scheinwelt ist groß. Während depressive Persönlichkeiten bemüht sind, den Graben zwischen Ich und Du zuzuschütten, und die schizoiden Persönlichkeiten ihn durch Phantasien über den anderen zu überbrücken suchen, nehmen hysterische Persönlichkeiten die Kluft im Laufe der Zeit nicht mehr wahr, weil ihnen die eigene Weltkonstruktion wirklich erscheint. Die Unfähigkeit, Bedürfnisse zurückzustellen, macht die hysterischen Persönlichkeiten verführbar. Da sie dazu neigen, die Folgen eines Handelns nicht zu bedenken, erscheint ihnen jedes Angebot, das Sofortbefriedigung verspricht, reizvoll. Sie spielen auf Zeit und hoffen auf ein Wunder bei der Lösung von Fragestellungen, in die sie sich dadurch hineinmanövrieren. Sie sind geschickt im Vergessen unangenehmer Dinge. Der Logik entziehen sie sich mit den Worten: „Meine Logik ist eine andere"; der Verantwortung für ihr Tun mit: „Einmal ist keinmal!" und der Ethik mit den Worten: „Es kommt auf die Perspektive an, man kann dasselbe so und anders sehen und vertreten". Sie sind Rollenspieler, die sich auf den Augenblick und die gerade anwesenden Menschen beziehen. Kritik wird in Gegenkritik gewendet, was Selbsteinsicht zusätzlich erschwert. Hysterische Persönlichkeiten lieben die Extreme; die Kür liegt ihnen mehr als die Pflicht. Ihr Bedürfnis, bestätigt zu werden ist überdimensional ausgeprägt, weshalb sie dazu neigen, andere Menschen als ihre Zuschauer und Bewunderer wahrzunehmen. Aggressionen äußern sich bei der hysterischen Persönlichkeit in Form von Rivalisieren, Konkurrieren und Imponieren. Kritik kränkt hysterische Persönlichkeiten tief, weil sie keine Identität mit sich selber entwickelt haben. Das Missverständnis der hysterischen Persönlichkeiten liegt in der Überzeugung, dass alles, was es zu ändern gilt, außerhalb ihrer selbst liegt. Diese Projektion eigener Mängel nach außen ist nach Riemann auch der Grund für gesellschaftliche Probleme, wenn Gruppen oder Nationen das, was sie bei sich selber nicht wahrhaben wollen auf Menschen anderer Gruppenzugehörigkeit

oder Nationen projizieren. Machthaber wissen dieses Verhalten auf privater und öffentlicher Ebene oft geschickt auszunutzen.
Überwinden Menschen mit hysterischer Struktur ihre Angst vor dem Unausweichlichen und lernen zu unterscheiden, wann Dauer und Notwendigkeit als konstante Größen anerkannt werden müssen, so sind sie diejenigen, die mit Mut auf nötige Veränderungen zugehen. Ihre Freude am Neuen wirkt ansteckend und ihre Risikobereitschaft ermöglicht es, festgefahrene Sichtweisen und Strukturen loszulassen und sich auf Unbekanntes hoffnungsvoll einzulassen.

2.1.6 Zusammenfassung

Riemann geht davon aus, dass jeder Mensch alle Ängste kennt. In dem Bemühen die Grundforderungen von Nähe und Distanz, Dauer und Veränderung ins Gleichgewicht zu bringen, werden verschiedene Ängste wach, die den Aushandlungsprozess behindern. Die Angst vor der Selbsthingabe wird als Ich-Verlust erlebt, gleichzeitig aber sehnt sich der Mensch danach, sich dem Leben vertrauensvoll zu öffnen. Die Angst vor Selbstwerdung macht sich als Ungeborgenheit und Isolierung bemerkbar, gleichzeitig aber sehnt sich der Mensch danach, ein einmaliges und unverwechselbares Individuum zu sein. Die Angst vor Wandlung äußert sich darin, dass sie das Leben als vergänglich und unsicher erscheinen lässt und doch sehnt sich der Mensch danach, Neues zu wagen. Die Angst vor der Notwendigkeit von Traditionen wird als Endgültigkeit und Unfreiheit erlebt, der ein Mensch ausgeliefert ist und gleichzeitig sehnt er sich danach, sich häuslich niederzulassen und davon ausgehen zu können, dass die Welt stabil und verlässlich ist. So entspricht jeweils eine Grundform der Angst einer Sehnsucht im Menschen. Angst hat für Riemann auffordernden Charakter, das Leben in den Blick zu nehmen und es weiterzuentwickeln. Die Art der Angst, die wir als Erwachsene erleben ist durch unsere Erfahrungen in der Kindheit vorgeprägt. Das Zusammentreffen unserer Anlagen mit einer spezifischen Umwelt steckt den Rahmen für unser aktiv-werden-können in seinen Möglichkeiten und Grenzen ab. Vieles kann nach Riemann durch Auseinandersetzung mit der eigenen Vergangenheit nachreifen und dadurch verändert werden. Er deutet an, dass jede Gesellschaft kollektive Antworten auf die vier Grundimpulse entwickelt hat, nach denen in ihr die Kinder erzogen werden. Die vier Reaktionsmöglichkeiten heißen nach Riemann: Sich distanzieren, sich identifizieren, die Forderungen wie ein Gesetz auf sich nehmen und/oder sie den eigenen Wünschen gemäß umzuwandeln.

Hat ein Mensch alle vier Verhaltensweisen zur Verfügung, so ist er im Riemannschen Sinne gesund und lebendig. Vollkommenheit und Vollständigkeit sind für Riemann Idealziele, die zwar nicht erreicht werden können, die aber die Richtung für die Auseinandersetzungen vorgeben sollten. Das gilt für die einzelnen Menschen im Umgang mit anderen Menschen genauso wie für Gesellschaften und Nationen. Die Voraussetzung dafür, das Andersartige auch in uns selber zu entdecken, ist die grundsätzliche Bereitschaft das Anderssein des anderen ernst zu nehmen und verstehen zu wollen. Weil das aber Angst auslöst, ist dies eine große Herausforderung. Unreflektiert folgt das Verhalten der Menschen zueinander anderen Regeln: Es geht dann darum, den anderen auf die eigene Bahn zu ziehen, sich selbst dem anderen möglichst ähnlich zu machen, den anderen misszuverstehen, weil die Bereitschaft, Neues zu lernen nicht vorhanden ist oder weil dessen Verhalten nur am Maßstab des eigenen Verhaltens gemessen wird, der aber für die andere Person nicht angelegt werden kann. Als Möglichkeit, so schließt Riemann seine Ausführungen, ist immer beides gegeben: Den Ängsten zu folgen und dadurch unser Menschsein zu fragmentieren, oder den Grundimpulsen zu entsprechen und dadurch die Angst zu überwinden (s. u. 3.1.5).

2.2 Erich Fromm: Fluchtmechanismen

Der Psychoanalytiker Erich Fromm, der auch Philosophie studiert hat, befasst sich mit der psychologischen Charakterstruktur des modernen Menschen und deren Wechselwirkung mit soziologischen Faktoren. Die Krise der Gesellschaft besteht für Fromm (1980) darin, dass die Individualität im Sinne der Einzigartigkeit des Menschen gefährdet ist. Unter dem Eindruck des Zweiten Weltkrieges liegt ihm daran, die psychologischen Hintergründe für die Entstehung des Faschismus verstehbar zu machen, um ihn zukünftig besser bekämpfen zu können. Allgemein ausgedrückt sieht Fromm die Aufgabe der Sozialpsychologie darin, zu erklären, wie es zu neuen Fähigkeiten und Charakterstrukturen – guten wie schlechten – kommt. Unter Charakter versteht er die motivierenden Kräfte, die Handlungen zugrunde liegen. Dabei gilt, dass die dem Menschen *bewusste* Motivation nicht automatisch der *wirkliche* Auslöser für sein Verhalten sein muss. Im Gegensatz zu Freud, sieht Fromm nicht die Triebe und deren Befriedigung an sich, sondern die Beziehung, in der ein Mensch zur Welt steht, als wesentlich an. Diese Beziehung zwischen Individuum und Gesellschaft ist seiner Meinung nach nicht statisch, sondern entsteht durch Verhalten zur Gesellschaft und umgekehrt. Sie ist somit Produkt von Geschichte und Kultur und damit änderbar.

Fromms Grundthese lautet, dass die größte Bedrohung für den Menschen von dessen Isolation und/oder Ohnmacht ausgeht. Der Mensch wird von ihm als soziales Wesen beschrieben, das allein nicht leben kann und will. Im Mittelpunkt seiner Studien steht deshalb das Interesse daran, wie Menschen mit der Freiheit, ein Individuum - also Einzelner und damit abgetrennt von anderen - zu sein, umgehen. Fromm beschreibt zwei Möglichkeiten: Das Individuum kann sich mit der Welt aus einer integrierten und starken Gesamtpersönlichkeit heraus in Liebe und produktiver Arbeit verbinden oder versuchen, durch Bindungen an die Welt, die seine Freiheit zerstören, Sicherheit zu finden. Letzteres geschieht psychologisch gesehen aus einer Position der Schwäche heraus. Für Fromm ist die Freiheit janusköpfig. Als „Freiheit von“ geht im Individuationsprozess der Kontakt mit anderen verloren (s. o. 2.1.2), als „Freiheit zu“ ermöglicht sie eine neue Art von Nähe und Solidarität. Fromm möchte zur „Freiheit zu“ ermutigen, die für ihn positive Freiheit ist (vgl. 3.1.4).

Fromm erforscht die Vorgänge, die sich im Individuum ereignen, wenn es versucht, der Einsamkeit zu entfliehen und beschreibt drei Fluchtmechanismen, die den Konflikt, den die Freiheit für Menschen bedeutet erhellen. Vergleicht man seine Ausführungen mit dem Riemannschen Modell, so wird deutlich, dass sich Fromms Darstellung auf die Sichtweisen der depressiven, zwanghaften und hysterischen Persönlichkeiten beziehen (s. o. 2.1.3 - 2.1.5).

2.2.1 Flucht ins Autoritäre

Menschen, die die Einsamkeit des Individuum-seins nicht ertragen können und deshalb ins Autoritäre flüchten, geben ihre eigene Unabhängigkeit auf und verschmelzen mit etwas außerhalb ihrer selbst. Die Angst vor der eigenen Bedeutungslosigkeit und Ohnmacht als Antriebskraft ihres Handelns ist ihnen nicht bewusst. Fromm (1980) unterscheidet die masochistische Unterwerfung *unter* jemand und die sadistische Herrschaft *über* jemand. Beide brauchen die anderen und sind abhängig von ihnen. Beide wollen durch die Abgabe der Freiheit, die ihnen Last ist, Sicherheit erreichen. Sie schlagen aber verschiedene Wege ein, um die Freiheit loszuwerden: Sie machen sich unendlich klein, überlassen sich dem Schmerz, der sie überschwemmt, geben sich dem Rausch hin oder hegen Selbstmordgedanken. Die angewandten Mittel ermöglichen zwar die Flucht aus einer unerträglichen Situation, sind aber keine Lösung für die eigentliche Angst. Trifft dieses Verhalten auf autoritäre gesellschaftliche Strukturen, so entsteht vordergründig Sicherheit durch die Verschmelzung mit der Masse.

Masochistische und sadistische Perversionen sind die gesteigerten Formen des Masochismus bzw. Sadismus. Erstere sucht und genießt das eigene Leiden, letztere zieht Befriedigung daraus, anderen Leid zuzufügen. Fromm führt aus, dass beide Verhaltensweisen der Preis sind, der gezahlt wird, um das eigentliche Ziel zu erreichen: Frieden, Ruhe und Sicherheit. Sadismus als Ausdrucksform von Macht, bei der ein Sieg über einen anderen allgemein als Stärke verstanden wird, wurzelt wie Fromm nachweist, psychologisch gesehen in der Schwäche, nicht auf eigenen Füßen stehen zu können und dem Versuch, durch sekundäre Bindungen zu Stärke zu gelangen.

Fromm unterscheidet die „Macht über jemand", die andere beherrscht von der „Macht zu etwas", die die schöpferische Potenz im Sinne der Meisterschaft bezeichnet (vgl. 3.1.4). Beide schließen einander aus.

Die sado-masochistische Struktur schlummert nach Fromm in jedem Menschen. Weil diese Begriffe mit Perversion und Neurose in Verbindung gebracht werden und so den Blick für das generelle Vorkommen der Struktur im menschlichen Leben verstellen, nennt er sie „autoritären Charakter".

Für den autoritären Charakter ist die Einstellung zur Macht charakteristisch:

- Das Mächtige zieht ihn an, das Machtlose stößt ihn ab. Schwaches weckt den Wunsch, es anzugreifen.
- Das Leben wird von Mächten bestimmt, die unbeeinflussbar sind und außerhalb der Interessen und Wünsche des Menschen liegen.
- Das Leitmotiv lautet: Ich bin ohnmächtig. Ich kann Leiden ertragen, es aber nicht ändern. Ich muss hoffen zu bekommen, was ich brauche. Ich kann mich darum nicht selber bemühen.

Das Problematische am autoritären Charakter ist, dass er das Erscheinungsbild des gut integrierten und angepassten Menschen bietet und deshalb als „normal" angesehen wird.

2.2.2 Flucht ins Destruktive

Im Gegensatz zum autoritären Charakter ist das Ziel der Menschen, die ins Destruktive flüchten, um sich der unerträglichen Isolierung und Ohnmacht zu entledigen nicht die aktive oder passive Symbiose mit anderen, sondern deren Vernichtung.
Ist dieses Ziel erreicht, ist der Mensch zwar immer noch allein, aber die Welt, die er in ihrer Andersartigkeit als Bedrohung erlebt, kann ihm nicht mehr schaden. Im Namen von Pflicht, Liebe, Gewissen oder Vaterlandsliebe (s. o. 2.1.4) wird die destruktive Tat rationalisiert. Fromm bezeichnet die Destruktivität, die als Reaktion auf Angriffe auf das Leben, die Integrität oder Ideen, mit denen sich ein Mensch identifiziert, in Erscheinung tritt als eine Notwendigkeit, die aus der Lebensbejahung resultiert. Dagegen setzt er die Destruktivität ab, die als stets bereitstehende Tendenz im Menschen schlummert und nur auf eine passende Gelegenheit wartet, um sich zu verwirklichen. Sie kann sich gegen andere oder den Menschen selber wenden. Da der Grad der Destruktivität bei verschiedenen Menschen in einer Gesellschaft sehr variiert, geht Fromm davon aus, dass der Grund für diese Art der Destruktivität darin liegt, in welchem Ausmaß die Spontaneität, das Wachstum und die Fähigkeiten (Sinne, Emotionen und Intellekt umfassend) durch andere Menschen oder gesellschaftliche Bedingungen verhindert werden. Je nach Ausmaß der Verhinderung wandelt sich die eigentlich auf das Leben gerichtete Kraft in zerstörerisches Potential.

> Je mehr der Lebenstrieb vereitelt wird, um so stärker wird der Zerstörungstrieb; je mehr Leben verwirklicht wird, um so geringer die Kraft der Destruktivität. *Destruktivität ist das Ergebnis ungelebten Lebens* (ebd. S. 149).

2.2.3 Flucht ins Konformistische

Um die Angst vor der Ohnmacht und der Einsamkeit zu vertreiben, nennt Fromm als dritte Möglichkeit die Flucht ins Konformistische. Er hält sie für ein weit verbreitetes Verhalten. Der Schutzfärbung mancher Tiere vergleichbar, ist es für den konformistischen Menschen kennzeichnend, dass er so denkt, fühlt und handelt, wie es die anderen von ihm erwarten. Er hat seine Fähigkeit zum kritischen Denken eingebüßt und unterliegt der Illusion, ein freies Individuum zu sein, das eigene Entscheidungen trifft. Anstelle des eigenen Wunsches und der eigenen Meinung treten Pseudo-Wunsch und Pseudo-Meinung. Fromm macht an einem Beispiel (ebd. S. 154f) klar, was er meint. Man frage drei Menschen nach ihrer Prognose zum Wetter. Der Erste ist ein Fischer, der vom Wetter abhängig ist und viel Erfahrung mit Winden, Luft, Wolkenhimmel und Wellengang hat. Aus seiner Erfahrung wägt er die einzelnen Komponenten zur Zeit der Frage ab und kommt zu einer Einschätzung. Vielleicht bezieht er sich auch auf den Wetterbericht und nimmt Bezug darauf, ob seine eigene Einschätzung mit ihm übereinstimmt oder nicht. Dieser Mensch hat zur Formulierung seiner eigenen Meinung selber gedacht. Dieser selbständige Vorgang, nicht die Richtigkeit des Ergebnisses ist für Fromm das Entscheidende. Der zweite Mensch ist ein Sommergast des Ortes. Er versteht nichts von den Bedingungen, von denen das Wetter abhängt und sagt, er könne das nicht beurteilen. Der Dritte ist ebenfalls ein Sommergast und meint, er müsse jede Frage beantworten. Aus mangelnder Kenntnis übernimmt er „seine" Prognose aus dem zuvor gehörten Wetterbericht, gibt sie aber auf Nachfrage als seine eigene Einschätzung aus, die er aus den Faktoren, Windrichtung, Temperatur etc. geschlossen hätte. So ersetzt der Konformist allmählich sein Selbst durch ein Pseudo-Selbst. Er verlässt sich auf die Einschätzung anderer und gewinnt Sicherheit um den Preis, nicht mehr zwischen Schein und Sein unterscheiden zu können (s. o. 2.1.5).

Fromm bezieht die konformistische Haltung von Menschen auf das Leben in einer demokratischen Gesellschaft, die stolz darauf ist, Gedankenfreiheit zu gewährleisten. Sein Resümee lautet:

> Das Recht der Gedankenfreiheit in einer Demokratie bedeutet jedoch nur dann etwas, wenn wir auch fähig sind, eigene Gedanken zu haben (ebd. S. 192).

Konformisten sind nach Fromm Menschen, die sich von alten Formen der Autorität (Kirche, Staat, Gewissen) befreit haben, aber nicht merken, dass sie der öffentlichen Meinung als neuer Autorität verfallen sind.

2.2.4 Überwindung der Fluchtmechanismen

Nach der Aufzählung der Fluchtmechanismen könnte der Eindruck entstehen, dass Unabhängigkeit und Freiheit gleichbedeutend mit Angst und Isolierung sind. Fromm verneint diese Vermutung. Der Mensch ist im Gegenteil aufgerufen, sein Selbst zu verwirklichen, indem er alle seine emotionalen und intellektuellen Fähigkeiten zum Ausdruck bringt.

> Die positive Freiheit besteht im spontanen Tätigsein (activity) der gesamten, integrierten Persönlichkeit (ebd. S. 205).

Unter spontan versteht Fromm ein Handeln aus freien Stücken, das nicht aus Angst vor Isolierung oder Einsamkeit erzwungen wird. Tätigsein bezeichnet nicht ein „irgendetwas“ tun, sondern kreatives Tätigsein des Menschen, in dem Vernunft und Natur eine Einheit bilden. Vorbilder sind für Fromm Künstler und kleine Kinder. Er meint jedoch, dass diese Spontaneität als Erfahrung des Glücks jedem Menschen möglich ist.

> Ganz gleich, ob wir das frische, spontane Erlebnis einer Landschaft haben, ob uns eine Erkenntnis als Ergebnis unseres Nachdenkens dämmert, ob wir ein sinnliches Vergnügen erleben, das nicht stereotyper Art ist, oder ob die Liebe zu einem anderen Menschen plötzlich in uns aufquillt – in solchen Augenblicken wissen wir alle, was ein spontanes Erlebnis ist, und wir haben vielleicht eine Ahnung davon, was das menschliche Leben sein könnte, wenn solche Erfahrungen nicht so selten wären und so wenig gepflegt würden (ebd. S. 207).

Spontanes Tätigsein ist für Fromm der einzige Weg, die Angst vor der Einsamkeit zu überwinden. Die Komponenten sind Liebe und Arbeit. *Liebe* verstanden als die spontane Bejahung des anderen und Vereinigung eines Individuums mit anderen auf der Basis der Erhaltung des individuellen Selbst. *Arbeit*, verstanden als schöpferischer Akt, in dem der Mensch mit der Natur eins wird. Das Entscheidende geschieht nach Fromm im Prozess des Tuns, nicht in dessen Ergebnis. Durch das spontane Tätigsein erkennt der Mensch seinen Platz in der Welt und während des Vollzuges entsteht der Sinn seines Lebens. Grundlage für diese positive Freiheit ist die Bejahung der Einzigartigkeit des Individuums, das keiner Instanz unterworfen sein soll, die höher steht als es selbst.

2.3 Mario Erdheim: Das Fremde als Verlockung und Gefahr

Bisher ging es um unterschiedliche Formen der Angst und ihre Abwehr. Ein nächster Schritt ermöglicht mit Hilfe der Ethnopsychoanalyse einen Einblick in die Entstehung von Unbewussten in der Kultur. Der Ethnopsychoanalytiker Mario Erdheim (1991) widmet sich den beiden zentralen Begriffen „Familie" und „Kultur" und deren Zusammenhang mit der gesellschaftlichen Produktion von Unbewusstheit. Erdheim weist nach, wie sich aus der Mutterrepräsentanz des Kindes das Bild für Familie und aus der Vaterrepräsentanz das Bild für Kultur entwickelt (vgl. ausführlich ebd. S. 237ff). Um dies tun zu können, führt er den Begriff des Fremden ein, der für diese Arbeit interessant ist.

Mit acht Monaten, dem Alter in dem Kleinkinder „fremdeln", d. h. mit Weinen auf einen unbekannten Menschen reagieren, beginnt die Ausbildung der (unbewussten) Repräsentanz des Fremden, die im Laufe des Lebens mehrere Metamorphosen durchmacht. Zunächst gilt dem kleinen Kind alles als fremd, was nicht die Mutter ist. Im Ablösungsprozess von der Mutter kommt es zur Identifikation mit dem Vater als „drittem Objekt" (ebd. S. 239), wodurch die Autonomie des Kindes erweitert wird. Dem Jugendlichen wiederum dient die Kultur – verstanden als alles, was nicht Familie ist – als „drittes Objekt", das ihm die Ablösung ermöglicht, was wiederum die Autonomie vergrößert. Die Reaktion auf das Fremde ist jeweils eine Mischung aus Angst, die die bestehenden Verhältnisse festschreiben will, und Neugierde, die das Fremde als Verlockung erscheinen lässt, und die Wandlung der bekannten Verhältnisse herausfordert. In der Begegnung mit dem Fremden geht es demnach darum, sich den Grundimpulsen Dauer und Veränderung gegenüber zu verhalten.

In der Kulturtheorie der Psychoanalyse werden Familie und Kultur als zwei Größen verstanden, die verschiedenen Grundprinzipien folgen und damit in einem unversöhnlichen Widerspruch zueinander stehen. Während Familie sich nach außen abschließt und von ihren Mitgliedern verlangt, sich vorgegebene Verhältnisse anzueignen und damit Dauer anstrebt, wird Kultur dynamisch verstanden. Sie fordert die Mitarbeit ihrer Mitglieder an den sich stets verändernden Strukturen ein. Kultur ist im Verständnis Sigmund Freuds als evolutionärer „... über die Menschen ablaufender Prozess definiert, der immer mehr Individuen in Abhängigkeit voneinander bringt" (Freud, zit. nach Erdheim, ebd. S. XV). Das Ziel des Kulturentwicklungsprozesses ist die Weltgeschichte mit dem „Subjekt Menschheit" (ebd. S. XV).

Wenn die Autonomie einzelner Mitglieder die Herrschaftsformen in einer Gesellschaft bedroht, stehen den Machthabern nach Erdheim zwei Möglichkeiten zur

Verfügung, diese zu entschärfen: Die erste besteht darin, den Antagonismus von Familie und Kultur auf die Geschlechterverhältnisse zu verschieben und dadurch zu erreichen, dass sich die Frau unbewusst mit der nach innen gerichteten Sorge um die Familie und der Mann mit der nach außen gerichteten Berufstätigkeit identifiziert. Die zweite Möglichkeit besteht darin, den Antagonismus von Familie und Kultur aufzuheben, d. h. Institutionen nach dem Prinzip der Familie zu organisieren. Innerhalb der hierarchisch strukturierten Institution herrscht in diesem Fall Solidarität, nach außen wird sich gegen Feinde, z.B. Konkurrenten verteidigt. Erdheim bezeichnet es als problematisch, dass Menschen sich scheinbar nur schwer von ihrem Bild der Familie trennen können und familiäre Erfahrungen auch im kulturellen Kontext reproduzieren. Er zeichnet die Konsequenzen anhand des Verhältnisses zum Fremden im deutschen Kontext des 18. und 19. Jhd. nach. Ethnien, als Ausdruck regionaler und kultureller Unterschiedlichkeit, werden im entstehenden Nationalstaat zugunsten einer Solidarität, die eine größere Anzahl Menschen umfasst, homogenisiert. Das Motto lautet: „Alle Angehörigen der Nation gehören zusammen; fremd sind nur die Ausländer" (ebd. S. 241). Wer genau hinschaut, kommt aber nicht umhin zu merken, dass sich Menschen verschiedener „Stämme" als Friesen, Sachsen, Franken, Thüringer, Bayern... als Nation zusammentun, das deutsche Volk demnach keine homogene kulturelle Einheit ist. Um die bestehenden internen Konflikte unbewusst zu machen, bedarf es des Fremden, denn schon das Sprichwort weiß: Gemeinsamer Feind eint.

Der Fremde wird – unter Berufung auf den Soziologen Simmel - als jemand verstanden, der von außen kommt und bleibt. Bei seinem Erscheinen werden die inneren Differenzen eingeebnet, damit er sie nicht für sich ausnutzen kann. Nach Erdheim muss die Bereitschaft, das Fremde aufzunehmen dann mit einem Tabu belegt werden, wenn Veränderung gefürchtet wird. Die Begegnung mit dem Fremden bedeutet immer Krise, denn der Fremde bringt durch seine bloße Präsenz das Bestehende in Bewegung. Da aber vom Fremden auch Faszination ausgeht, erwacht gleichzeitig die Ahnung, dass alles auch ganz anders sein könnte, als es gewöhnlicherweise zu sein pflegt. Aus dieser Stimmung heraus, gewähren Einheimische dem Fremden Gastrecht. Sie verbinden damit die Hoffnung, dass er den Gastgebern seine Kräfte zur Verfügung stellt, wenn sie ihn gut bewirten. Gastfreundschaft soll verhindern, dass die fremden Kräfte sich gegen sie richten.

Das Verhalten der Einheimischen wirkt auf den Fremden zurück. Für ihn ergibt sich häufig folgende Situation: Unter Berufung auf die eigene (gute) Tradition verschließt sich dem Fremden die Fremde und wertet ab, was er bereit wäre einzubringen. So wird das Leben für ihn zur Qual. Er flüchtet sich in die romantisierte Vorstellung der eigenen Heimat. Im Heimweh, verstanden als Leiden am Fremdsein, verbindet sich die Erfahrung der „bösen Fremde" mit der Sehnsucht nach der „idyllischen Heimat". Erdheim macht deutlich, dass die Definitionsgewalt dessen, was fremd ist, bei den jeweiligen Machthabern liegt und diese erklären nicht nur das Andersartige, sondern oft auch das Widerständige zum Fremden. Wer aus Unzufriedenheit oder anderen Gründen an den bestehenden Herrschaftsverhältnissen (von den besser Positionierten als die „gute Ordnung des Eigenen" zitiert) rühren könnte oder sich ihnen entzieht, wird zum Fremden im Sinne des potentiellen Aufrührers erklärt, der bekämpft werden muss. Der Fremde ist nun nicht mehr notwendigerweise jemand von außen, sondern kann sich mitten im System befinden.
Im 19. Jhd. bezog sich dies auf die Bauern und Arbeiter, heute sind es nach Erdheim Jugendliche und solche, „... die sich nicht die geistigen Güter und Werte der 'Vollkultur' aneignen" (ebd. S. 250). Ein Graben zieht sich durch die Menschen der deutschen Nation und trennt arbeitslose Sozialhilfeempfänger von besser Verdienenden, die jüngere von der älteren Generation und Handarbeiter von Kopfarbeitern. Die Essenz des Fremdenbegriffes ist das „außerhalb der Kultur", wobei die Machthaber definieren, was diese „Vollkultur" ausmacht. Von Fremden in diesem Sinne gibt es nichts zu lernen, von ihnen wird kein Impuls zur Wandlung der Kultur angenommen. Nicht Faszination, sondern Bedrohung wird ihnen nachgesagt, gegen die die eigene Kultur verteidigt werden muss. Nach Erdheim wird mit dieser Argumentation erreicht, dass Vorteilspositionen sich nicht wandeln. Die sie Innehabenden nehmen die eigene Geschichte als Maßstab, um Fremdes als davon abweichendes unterscheiden zu können. Dieses wird zunächst als nicht-passend abgespalten, dann als Bedrohung bekämpft und wenn nötig oder möglich vernichtet.

2.4 Dan Bar-On: Dialog als Modell interkultureller Konfliktbewältigung

Der israelische Sozialpsychologe Bar-On (2001) ist überzeugt, dass die Zeit für einen Paradigmenwechsel reif ist, womit er meint, dass Menschen geholfen werden muss, ein dialogisches Identitätskonzept zu entwickeln. Er versteht darunter, dass die (unvermeidliche) Begegnung und Auseinandersetzung mit Menschen anderer Kulturen nicht als Bedrohung, sondern als Herausforderung zur Veränderung gesehen werden kann. Er analysiert das Phänomen der kollektiven israelischen Identität und tritt für ein Dialogmodell zur Verständigung von verfeindeten Menschengruppen ein. Sowohl die Analyse als auch das Modell lassen sich verallgemeinern und auf andere Kontexte übertragen.

2.4.1 Grundlagen für die Identitätsbildung in der Sozialpsychologie

Nach Bar-On kennt die Sozialpsychologie zwei Möglichkeiten der Identitätsentwicklung. Die erste besteht darin, Identität als „Eigenes" im Gegenüber zu einem „Anderen" zu konstruieren. Das Eigene wird dabei mit „gut", der Andere mit „böse" attribuiert. Die zweite Möglichkeit besteht darin, einen inneren Dialog zwischen verschiedenen und oft unvereinbaren Elementen der Identität zu schaffen.

Das Konzept der Identität mit seinen stabilen Strukturen wurde in der sozialpsychologischen Forschung im Laufe der Zeit zugunsten des Konzeptes der Biografie aufgegeben. Dies ermöglicht die Beschreibung eines subjektiven Prozesses, in dem Ereignisse und Veränderungen berücksichtigt werden können. Ob der Andere als festgelegtes „So-Sein" oder als ein denselben Veränderungen wie das Selbst ausgesetzte Subjekt wahrgenommen wird, spielt im individuellen wie im kollektiven biografischen Prozess eine zentrale Rolle. Bar-On nutzt für seine Analyse einen qualitativen Forschungsansatz. Er führt Interviews, die er transkribiert und später interpretierend analysiert. Er beschränkt sich bei seinen Auswertungen auf die sozialpsychologisch relevanten Aspekte des „Anderen". Bar-On beschäftigt sich mit den inneren und zwischenmenschlichen emotionalen Prozessen im Rahmen konkreter, sozialer und geschichtlicher Kontexte, in denen die Integration persönlicher und kollektiver Identitäten stattfindet. Da sowohl die Analyse als auch das von Bar-On entwickelte Phasenmodell der Wandlung verallgemeinerbar sind, wird nachfolgend beschrieben, unter welchen Bedingungen sich Identität von einer starr homogenen Konstruktion zu einer dynamisch-dialogischen entwickeln kann. Die Darstellung geht nicht auf die speziellen, von Bar-On sorgfältig herausgearbeiteten Aspekte der überaus komplizierten israelischen Identitätsmuster ein.

2.4.2 Erste Phase: Der Monolithismus[2]

Aus der Kindheit erinnert jeder Mensch die klare Einteilung von Personen in „Gute“ und „Böse“. Das monolithische Selbst- und Fremdbild lebt vom Feind: Auf dem „Bösen des Anderen“ baut sich das „gute Selbst“ auf, das gegen den Anderen kämpft. Das monolithische Selbstbild lebt von unmissverständlichen Polaritäten. Nach dem Motto von „Alles oder nichts!“ wird um die Macht gekämpft. Der Sieg über den Anderen beweist die Gerechtigkeit der eigenen Sache.

Im schwarz-weiß-Denken der monolithischen Phase ist der innere Monolog widerspruchsfrei. Das böse Andere wird als wesensfremd vom Eigenen unterschieden und rechtfertigt die Aufrechterhaltung des guten Selbstbildes. Falls es überhaupt zum verbalen Austausch zwischen Selbst und Anderen kommt, dann auf der Grundlage von Misstrauen und Vorbehalten. Die Komplexität des Anderen, seiner Behauptungen und Gefühle, können nicht gehört, geschweige denn anerkannt werden. Unter Extrembedingungen wie z.B. in Konzentrationslagern, ermöglichte ein monolithisches Selbstverständnis das Überleben. In alltäglichen Situationen dagegen ist es Grundlage für jede Art von Fundamentalismus.

Im monolithischen Selbstbild werden geschichtliche Feindbilder tradiert und wirken in den nachfolgenden Generationen unbewusst nach. Sie verursachen Misstrauen, das die Ausbildung eines aktiven Selbst nach sich zieht, das sich durch heroische Taten (z. B. Kampf in einer Armee) vor dem Anderen schützt. Das Selbst der monolithischen Phase ist eine klar abgegrenzte Einheit, deren Lebensdauer jedoch begrenzt ist, da die ungebrochene Einheit im Laufe des Lebensvollzuges durch einwirkende Faktoren der Geschichte Risse bekommt. So braucht es immer größeren Kraftaufwand, um das Bild des guten Selbst und des bösen Anderen aufrecht zu erhalten, bis dies eines Tages nicht mehr möglich ist. Innere Widersprüche, mit denen man sich weigert umzugehen, können nicht auf Dauer nach außen auf die Anderen projiziert werden; Spannungen, die durch den Einfluss der Umwelt im Selbst ausgelöst werden, nicht auf Dauer ignoriert werden.

[2] Der Begriff stammt aus der Geologie und meint einen Stein aus einem einzigen Material. Übertragen auf die Identitätsstruktur bedeutet die Bezeichnung ein in sich widerspruchfreies Schwarz-Weiß Denken.

Solange es allerdings einen gesellschaftlichen Konsens gibt und sich die öffentliche Aufmerksamkeit auf den „Anderen" richtet, solange bleibt auch der Umgang mit dem monolithischen Selbst stabil.

2.4.3 Zweite Phase: Die Auflösung des Monolithismus

Die Auflösung der monolithischen Phase ist nach Bar-On ein langwieriger Prozess, der mit schmerzvollen Verlustgefühlen und leidvoller Trauer verbunden ist. Beginnt die Auflösung zu einer Zeit, in der noch keine existenzielle und psychologische Sicherheit in der sich verändernden kollektiven Identität geschaffen werden konnte, sind Menschen nicht fähig, die Auflösung zu ertragen. Starke Gefühle wie Angst (vor dem unbekannten Prozess), Zorn (über den Verlust der stabilen Struktur), Hass (auf den, der die Auflösung auszulösen scheint) begleiten die Auflösung. Unerwartete Ereignisse in der Gegenwart, rufen innere ungelöste Konflikte der Vergangenheit wach und reaktivieren das monolithische Feindbild. Nach Bar-On braucht die Auflösung der monolithischen Phase einen äußeren Rahmen, der die unvermeidlichen Ängste schützend umgibt. Fehlt er, kann es wie in Ruanda oder Bosnien zu brutalen Gewalttaten kommen. Instinktiv wehrt sich die individuelle oder kollektive Identität vor der Auflösung, indem sie sich mit Hilfe von Abwehrmechanismen verschanzt, oder das monolithische Selbst und Fremdbild durch religiösen Fundamentalismus oder extremen Nationalismus, der letztlich im Faschismus seinen Ausdruck findet, legitimiert. Die Erschütterungen sind der Entwicklung in der Adoleszenz vergleichbar: Das Alte gilt nicht mehr, die vertraute Weltsicht bekommt Risse, es gilt Neues zu integrieren, was unweigerlich zu Turbulenzen führt.

Bei der Auflösung kommt es zum Erkennen von bisher unerkannten Aspekten des Selbst. Disharmonie entsteht durch die Einsicht, dass in jedem Menschen die Fähigkeit zu Gutem *und* Bösem steckt. Diese Erkenntnis macht einen inneren Dialog nötig. Der Mensch, der sich bisher als Opfer gesehen hat, das sich vor dem Feind verteidigt, kann über den Täter in sich selber nachdenken und beides zusammenbringen. Wenn das zugelassen werden kann, erscheint auch der Andere folgerichtig als Täter *und* Opfer. Dies ist nach Bar-On der entscheidende Schritt, um in der Entwicklung der persönlichen und kollektiven Identität einen neuen Anfang zu machen, der auf monolithische Definitionen verzichtet. Allerdings löst die Auseinandersetzung die beunruhigende Frage aus: Wer bin ich ohne den Feind, durch den ich mich als absolut gut definieren konnte? Die Hoffnung auf ein neues monolithisches Bild vom Selbst und dem Anderen, das das alte Bild ersetzen wird, kann aufsteigen. So ist es möglich, dass nicht mehr darauf bestanden wird, dass der Andere ungebrochen schlecht ist, am eigenen Gut-sein aber weiter festgehalten wird. Um den Anderen mit dem Attribut „gut" versehen zu können, müsste er mir ähnlich werden. Die vermeintliche eigene Überlegenheit wird zum Maßstab für die Begegnung mit dem Anderen, seine Assimilation zur Bedingung, um mich auf ihn einzulassen. Bar-On bezeichnet dies als eine Variante des Monolithismus. Er sieht die Aufgabe der Zukunft darin, einen bedeutungsvollen Dialog zwischen den verschiedenen Komponenten der Identität herzustellen, der auch politisch und ökonomisch relevant wird.

2.4.4 Dritte Phase: Dialog zwischen unversöhnlichen Aspekten der Identität

In einer multikulturellen Welt, in der Menschen mit unterschiedlichen religiösen, sprachlichen und sozio-kulturellen Hintergründen in unmittelbarer Nachbarschaft wohnen, genügt die monolithische Einstellung nicht mehr zur Deutung der komplexen Umwelt. Manche Menschen spüren dies und lassen sich auf der Suche nach Alternativen auf das Wagnis ein, das monolithische Denken preiszugeben. Auch *sie* haben Angst, auch *ihre* Identität, die sich um das Feindbild herum aufgebaut hat, gerät ins Wanken. Auch *sie* wissen nicht, welches die Regeln sind, die gelten sollen, wenn die Regel von „Gut gegen Böse" außer Kraft gesetzt wird. Bar-On macht darauf aufmerksam, dass die Menschen, die diesen Schritt wagen, in einer monolithischen Umgebung schwach und unfähig erscheinen. Er gebraucht ein Bild für dieses Dilemma.

> Man stelle sich vor, ein mittelalterlicher Ritter hinge seine Rüstung in den Schrank und beschlösse, sich ohne sie auf die Suche nach einer neuen Selbstdefinition zu begeben. Wenn er aber von Ferne einen Trupp voll gerüsteter Feinde auf sich zureiten sähe, würde er dann nicht seine Rüstung wieder anlegen? Und wenn er nun seine Rüstung weiterhin anbehielte, wie könnte er sich dann in eine sich verändernde Welt integrieren in der die Rüstung einengend, beschwerlich und bedeutungslos geworden ist (ebd. S. 142)?

Nach Bar-On können Menschen, die einer Minderheit angehören und gelernt haben, Konflikte und Ambivalenzen im Hinblick auf die eigene Identität in sich aufzunehmen, anderen Menschen bei ihrem Versuch der Überwindung monolithischen Denkens helfen. Die Auflösung des Monolithismus braucht seiner Meinung nach eine ermutigende Umgebung, damit sich ein Dialog entwickeln kann und ein Umfeld, das die Prüfung der verschiedenen Aspekte der Auflösung unterstützt, ohne so viel Widerstand und Angst zu erzeugen, dass „die alte Rüstung" wieder angelegt werden muss. Diese Gedanken werden in der Auseinandersetzung mit den Interkulturellen Gärten wieder aufgenommen werden (s. u. 4.2).

Bar-On plädiert dafür, folgende Punkte zu beherzigen:

1. Treffen für Menschen verschiedener Herkunft, die einen inneren Dialog mit den eigenen Widersprüchen und einen äußeren Dialog mit den „Anderen" beginnen wollen, sollen *arrangiert* werden. Bar-On bietet aus diesem Grund als Universitätsprofessor Seminare an, in denen Semesterarbeiten zum Thema „Das Eigene und das Fremde" bearbeitet werden können. Nachfragen erhalten dadurch eine offizielle Berechtigung und müssen von den Studierenden nicht als persönlicher Angriff gewertet werden.
2. Die Diskussionen in den Treffen sollen *geleitet* werden, eine gemeinsame Aufgabenstellung ist sinnvoll. Die Leitung achtet darauf, dass der gegenseitige Respekt sich in der Vorsicht mit Sprache, Ausdrücken und Begriffen ausdrückt und es nicht zu Ausschreitungen kommt.
3. Es soll ein *Rahmen* geschaffen werden, der sowohl Veränderung bewirken kann, als auch die Erschütterungen in einem erträglichen Maß hält. In einjährigen Workshops treffen sich beispielsweise wöchentlich Israelis und Palästinenser zum Gespräch unter der Fragestellung: Wer bin ich, wenn ich nicht mehr durch meinen Feind definiert bin? Alle drei Wochen treffen sich die Nationen unter sich. Einmal im Jahr treffen sich alle Teilnehmer und Teilnehmerinnen mit ähnlichen Gruppen anderer Universitäten. Bar-On beschreibt die Erfahrungen in diesen Gruppen. In der ersten Phase besteht jede Seite darauf, mit ihrer Meinung über die „Anderen" Recht zu haben. Jede und jeder will gehört werden, aber nicht selber zuhören. In der zweiten Phase kommt es zu heftigen Auseinandersetzungen, wobei gleichzeitig bei Einzelnen Interesse aneinander geweckt wird, das in Ausnahmefällen in Freundschaft mündet.
Grundsätzlich gilt: Dialog beginnt erst, wenn die Bereitschaft zur Auflösung der monolithischen Phase vorhanden ist. Ohne diese Voraussetzung gleichen die Treffen einem Gespräch zwischen „Tauben und Stummen" (ebd. S. 201). Dialog wird von Bar-On als harte Arbeit bezeichnet. Das Ringen um die Wahrheit und der Wunsch für sie zu streiten, löst immer wieder starke Gefühle wie Enttäuschung, Wut und Misstrauen aus. Bar-On warnt davor, von Dialoggruppen Wunder zu erwarten. Er sieht allerdings keine Alternative zu diesen mühsamen und auf der Mikroebene geführten Laborversuchen, von denen er hofft, dass sie eines Tages in die Öffentlichkeit gelangen und dort wirksam werden. Der Dialog enthält nach Bar-On das Potenzial, Multikulturalismus zu etablieren. Dabei gibt es allerdings keinen Automatismus, keine Garantie für das Gelingen.

Voraussetzung zum Dialog ist die Anerkennung der „Anderheit des Anderen“ (s. u. 3.1.1). Diese Anerkennung ist keine Selbstverständlichkeit, von der ausgegangen werden kann, ihr steht die Negierung des Anderen entgegen. Sie hat nach Bar-On mannigfaltige Gründe: Angst, die dem anderen misstraut, weil man sich bedroht fühlt; die Unfähigkeit eigene Ambivalenzen ertragen zu können; Angst vor Verlust der eigenen Identität, die sich um den Anderen herum konstruiert hat.
Statt sich von der Last des Schweigens über Konflikte in der Vergangenheit erdrücken zu lassen, soll in den Dialoggruppen der Austausch über Konflikte an Zukunftsperspektiven geknüpft werden. Ein ermutigendes Beispiel für Verständigung sind die „To Reflect and Trust“ Gruppen, in denen sich deutsche Nachfahren von nationalsozialistischen Verbrechern, Nachfahren von Holocoust Überlebenden und Palästinenser, die unter den gegenwärtigen Schikanierungen der israelischen Regierung leiden, zum Dialog treffen und den oben beschriebenen Weg der Auflösung des monolithischen Selbst- und Fremdbildes wagen (vgl. ausführlich: ebd. S. 230ff).
Wie Bar-On setzt auch Martin Buber seine Hoffnung für ein menschenwürdiges Zusammenleben in den Dialog. Von seiner Sicht wird im zweiten Hauptteil die Rede sein.

3 Vertrauen wagen: Ich werdend spreche ich Du

Martin Buber wurde 1878 in Wien geboren. Aufgrund der Trennung seiner Eltern, Elise und Carl Buber, verbrachte Martin Buber seine Kindheit in Lemberg (Polen) bei den Großeltern. Dort lernte er vom Großvater die *wissenschaftliche* Liebe zum Wort und von der Großmutter die Liebe zum *echten* Wort[3]. Später studierte Buber in Leipzig, Wien, Berlin und Zürich u. a. Kunstgeschichte, Psychologie und Philosophie, ließ sich erst in Berlin und später in Heppenheim nieder und emigrierte 1938 nach Jerusalem, wo er das Angebot einer Professur für Sozialphilosophie an der Jerusalemer Universität annahm. Martin Buber war verheiratet mit Paula Winkler-Buber und Vater von zwei Kindern. In seinem 87jährigen Leben hat er zwei Weltkriege und die mit heftigen Auseinandersetzungen verbundene Staatsgründung und Unabhängigkeit Israels miterlebt. Zeitlebens hat er sich für ein gleichberechtigtes Miteinander von Palästinensern und Israelis eingesetzt.

Diese wenigen Daten[4] aus dem Leben eines umstrittenen Mannes, dessen Lebenswerk ein breites Spektrum an Reaktionen hervorrief, das sich vom Vorwurf der sentimentalen Träumerei bis zur Verehrung der prophetischen Rede erstreckt, sollen zur Einführung ausreichen. Buber (1993b) sagt von sich selber:

> Ich bin kein Seher, aber ich glaube ein sehender Mensch zu sein. Und ich denke nicht daran, von morgen und übermorgen zu sprechen, sondern was ich mit allem, was ich sage, meine, ist durchaus dieser gegenwärtige Augenblick (ebd. S. 376).

In den nachfolgenden Kapiteln wird deutlich werden, dass in dem, was Martin Buber seinen Mitmenschen zu sagen hat, seine Biografie, sein Bild vom Menschen, sein Glauben und die mit ihm unauflöslich verbundene Einstellung zur Welt stets mit enthalten sind. Der Leser lernt beim Studium seiner Schriften den Menschen Martin Buber kennen Das von ihm geschriebene Wort trägt dabei mehr den Charakter eines Gespräches als den eines Vortrages, ist mehr Ansprache als Belehrung. Buber zieht die Leser mit hinein in seine Fragestellungen und Behauptungen und fordert sie zur eigenen Stellungnahme heraus.

> Ich zeuge für die Erfahrung und appelliere an Erfahrung. ... Ich sage zu dem, der mich hört: 'Es ist deine Erfahrung. Besinne dich auf sie, und worauf du dich nicht besinnen kannst, wage, es als Erfahrung zu erlangen'. Wer aber sich ernstlich weigert, den nehme ich ernst. Er ist mir wichtig. Seine Weigerung ist mein Problem (Buber, 1978, S. 45).

---

[3] Vgl. Bubers eigene Aussagen in den autobiografischen Fragmenten (1986a, S. 12ff).

[4] Für einen tieferen Einblick in Bubers Leben vgl. Cornelia Muth (2001) und Grete Schaeder (1975), die dem umfangreichen Briefwechsel Martin Bubers in Band 1 eine ausführliche Biographie voranstellt.

> Ich habe keine Lehre, ich zeige etwas an der Wirklichkeit, was nicht oder zu wenig gesehen worden ist... Wer eine Lehre von mir erwartet, die etwas anderes ist als eine Hinzeigung dieser Art, wird stets enttäuscht werden. Es will mir jedoch scheinen, dass es in unserer Weltstunde überhaupt nicht darauf ankommt, feste Lehre zu besitzen, sondern darauf ewige Wirklichkeit zu erkennen und aus ihrer Kraft gegenwärtiger Wirklichkeit standzuhalten (Buber, zit. nach Muth, 2001, S.3 und 43).

In diesem Sinne sind auch die folgenden Ausführungen nicht als Systematik zu verstehen, obwohl sie sich um eine verständliche und geordnete Abfolge von Gedanken bemühen. Im Sinne Bubers soll die Achtsamkeit für eine Wirklichkeit geschärft werden, die mit wissenschaftlichen Mitteln nicht zu erfassen ist und die, sobald sie in Begriffen ausgesprochen wird, schon vergangen ist. Buber nennt sie Ich-Du Beziehung und bezeichnet sie als konstitutiv für das menschliche Sein. Im Ich-Du kann man nur leben, es lässt sich nicht durch Reflektion erreichen. Der Versuch, begrifflich nicht fassbares dennoch zu beschreiben ist eine Schwierigkeit. Der Hinweis auf die Ich-Du Wirklichkeit des dialogischen Lebens scheint jedoch heute noch wichtiger zu sein als zu Bubers Zeiten und das Experiment ist deshalb zu wagen. Buber rechnete damit, dass seine Leser an eigene Erfahrung erinnert werden und hoffte, dass ihm deshalb aufmerksam bis zum Ende zugehört wird. Geduldiges sich Einlassen erfordern auch die nachfolgenden Kapitel.

3.1 Martin Buber: Elemente der Dialogphilosophie

Wie Dan Bar-On (s.o. 2.4) hält auch Martin Buber den Dialog zwischen Menschen für den Weg des Miteinanders, den es notwendigerweise einzuschlagen gilt. Buber (1986a) bezeichnet die Erinnerung an eine Nachbartochter, die ihm, dem dreijährigen Jungen beim Spielen eröffnet, dass seine Mutter nicht zur Familie zurückkehren würde, als die Ursprungssituation für alles, was er im Laufe seines Lebens von der echten Begegnung erfahren sollte.

> Ich weiß, dass ich stumm blieb, aber auch, dass ich an der Wahrheit des gesprochenen Wortes keinen Zweifel hegte. Es blieb in mir haften, es verhaftete sich von Jahr zu Jahr immer mehr meinem Herzen, aber schon nach etwa zehn Jahren hatte ich begonnen, es als etwas zu spüren, was nicht bloß mich, sondern den Menschen anging (ebd. S. 10).

Diese Erfahrung von Distanz führt zu Bubers Wortschöpfung „Vergegnung", womit die Verfehlung einer wirklichen Begegnung gemeint ist *und* zur allmählichen Entwicklung seiner Dialogphilosophie. Seine Grundlagenschrift „Ich und Du" entsteht im Laufe von 40 Jahren, ihr wesentlichstes Anliegen bezeichnet Buber (1997) als den Hinweis auf „... die enge Verbundenheit der Beziehung zu Gott mit der Beziehung zum Mitmenschen" (ebd. S. 122). Die persönliche Erfahrung wird schon von dem Jugendlichen als auch für *andere* Menschen relevant empfunden. Biografische Subjektivität wird damit in ihrem wesentlichen Gehalt für die generelle Auseinandersetzung fruchtbar gemacht[5].. Der erwachsene Buber (1978) bekennt sich zu einem noch größeren Rahmen des Zusammenhanges wenn er sagt, „...man darf eine Gesellschaft in dem Maß eine menschliche nennen, als ihre Mitglieder einander bestätigen" (ebd. S. 26).

3.1.1 Urdistanz und Beziehung

Danach gefragt, was das Hauptergebnis seiner Erfahrung und seines anthropologischen Nachdenkens sei, antwortet Buber (1986a) kurz, „Mensch sein heißt, das gegenüber seiende Wesen sein" (ebd. S. 83). Er benennt damit das erste Element einer Doppelbewegung, die das Menschsein ausmacht. Sie besteht aus der Fähigkeit zur Distanzierung, die gleichzeitig die Voraussetzung dazu ist, die zweite Bewegung zu vollziehen, die sich zu dem Abgerückten in Beziehung setzen möchte.

---

[5] Vgl. Cornelia Muth (1998, S. 181ff), die zwischen der interkulturellen Sozialisation Bubers von Kindheit an und seinem Wunsch nach transkultureller Beziehung unterscheidet und somit die These vertritt, dass „jeder Mensch seinen Bewährungsmythos entwickelt, der aus der Strukturgesetzlichkeit des eigenen Lebens resultiert" (ebd. S. 173).

„... es ist kein Einer-Welt-Gegenübersein denkbar, das nicht auch schon ein Zu-ihr-als-Welt-sich-Verhalten, und das heißt, der Umriß eines Beziehungsverhaltens wäre" (Buber, 1978, S.15).

Die Distanzierung ist wohl Voraussetzung, aber nicht Ursache für Beziehung, denn es gibt keinen Automatismus von „wenn ... dann" für das Gelingen der Doppelbewegung. Die Distanzierungsbewegung eröffnet dem Menschen drei Möglichkeiten: Er kann, wie es beispielsweise Riemann mit Hilfe der schizoiden Persönlichkeit (s. o. 2.1.2) beschreibt, die Distanz zur Welt erhalten; die Bewegungen der Distanzierung und des in Beziehung-sein-wollens können um Vorrangstellung miteinander ringen (s.o. 2.1.6); der Widerspruch kann überwunden werden und echte Begegnung zwischen Menschen geschehen (Ich-Du). Um letzteres geht es Buber. Er bezeichnet die echte Begegnung als nicht herstellbar oder machbar. Sie ist Gnade, die sich zwischen Menschen aber jederzeit ereignen kann. Es ist charakteristisch für Bubers Denken, dass es nicht dem dualistischen „entweder-oder" folgt. Es hat das Prinzip des „sowohl- als- auch" zur Grundlage, das die Widersprüchlichkeit der Alternativen nicht in einer Synthese auflöst, sondern als solche umschließt[6] und aushält. So beschreibt Buber den Beitrag des Menschen zum gelingenden Dialog lediglich als ermöglichenden Hintergrund für das Wunder des unverfügbaren echten Gespräches. *Ohne* dieses Zutun (s. u. 3.1.5) allerdings, kann kein Dialog stattfinden. Der Beitrag des Menschen ist demnach relativ in Bezug auf die Verfügbarkeit des Dialogs und zugleich absolut in Bezug auf sein Zustandekommen.

In knappen Worten fasst Buber (1978) zusammen, wie die beiden Hälften der Doppelbewegung sich zueinander verhalten. „Die Urdistanz stiftet die menschliche Situation, die Beziehung das Menschwerden in ihr" (ebd. S. 20).

Buber setzt voraus, dass jeder Mensch den Wunsch hat, als die Person, die sie ist, einschließlich all dessen, was in ihr angelegt ist und was folglich noch werden kann, bestätigt zu werden. Er geht ferner davon aus, dass jeder Mensch die angeborene Fähigkeit besitzt, den Mitmenschen diese Bestätigung entgegenzubringen. Den Wunsch, bestätigt zu werden und die Fähigkeit, bestätigen zu können, nennt Buber das „eingeborene Du".

Bubers Aufmerksamkeit gilt der Sprache, weil sie das bevorzugte Mittel zur Kontaktaufnahme zwischen Menschen ist. Der Mensch benutzt sie in Form von Worten, die mit Bedeutung versehen sind und ihm als gebrauchsfähige und fertige Objekte zur Verfügung stehen. Mit Worten werden Diskussionen und Dispute ausgetragen, deren Ziel es ist, einander von der Richtigkeit der eigenen Meinung zu überzeugen.

[6] Vgl. Buber 1997, S. 97

Im echten Gespräch (s. u. 3.1.5) wandeln sich die kämpferischen Worte, die die eigene Sicht verteidigen. Mit der Hinwendung zum eigenständigen Gegenüber des Gesprächpartners, dessen Einzigartigkeit Buber „Anderheit“ nennt, geschieht ein Perspektivwechsel von der eigenen Person weg zur anderen Person hin. Die „Anderheit“ ist nicht nur der notgedrungene Ausgangspunkt einer Beziehung, sondern wird aktiv gewollt und bejaht. Der andere Mensch darf anders sein als ich! Werner (1994) weist darauf hin, dass es sich bei der Anerkennung der „Anderheit“ eines jeden Mitmenschen nicht um Altruismus, sondern um eine „... Balance von Hingebung und Selbstvervollkommnung...“ (ebd. S. 51) handelt. Er betont, dass es Buber um anderes als „postmodernes, gleichgültig-freundliches Tolerieren fremder Sinnhaftigkeit“ (ebd. S. 51) geht. Buber meint mit Anerkennung nicht das relativierende Nebeneinander von Verschiedenen im Sinne des gleichgültigen „alles ist gleich gültig“, das auf jeglichen Wahrheitsanspruch verzichtet. Die Anerkennung der „Anderheit“ so Werner, meint die Selbstverständlichkeit, dass jeder Mensch von seinem biografischen, religiös und kulturell geprägten Hintergrund her denken und sich äußern muss, woraus folgt, dass niemand sich anmaßen kann, zu behaupten, er sei es, der die Wahrheit besitzt. Für Buber sind die Menschen Wahrheitssuchende, die über den Rahmen ihres bedingten Lebens hinaus, immer wieder die Sehnsucht nach einer unbedingten Wahrheit verspüren und sich deshalb auf den Weg machen, um mit ihr in Kontakt zu kommen. Auf dieser Gratwanderung bleibt der eigene Zugang zu der *einen* Wahrheit gültig und es wird zugleich möglich, den Zugang des anderen zu dieser Wahrheit, die ihm ganz anders aufscheint, bestätigen zu können.
Ich und Du stehen einander „auf Augenhöhe“ gegenüber. Sie gestehen einander ihre Verschiedenheit zu und erkennen sie an. Diese Bestätigung bedeutet jedoch *nicht*, mit dem anderen überein zu stimmen, sondern sie drückt die Bereitschaft aus, von sich selber abzusehen, um dem Gegenüber zuzuhören (s. u. 3.1.5). Auf diese Weise wird es möglich, etwas vom anderen Menschen so zu erfahren, dass das für ihn Besondere daran mitempfunden werden kann.

> ... in dem ich etwa den Schmerz eines andern so erfahre, dass mir das Spezifische an ihm, also nicht ein allgemeines Unbehagen oder Leidwesen, sondern dieser besondere Schmerz, und doch eben als der des andern, fühlbar wird. (1978, S. 34)

Buber nennt diesen Vorgang Vergegenwärtigung. Sie wird von ihm unter dem Begriff „Umfassung“ noch weiter differenziert (s. u. 3.1.5).

Entgegen der psychologischen Annahme, dass das innere Wachstum des Menschen sich aus dem Verhältnis zu sich selbst vollzieht, weist Buber darauf hin, dass es sich in der Gegenseitigkeit der Vergegenwärtigung *zwischen* Menschen vollzieht. Buber geht von der anthropologischen Grundverfasstheit, ein Einzelner zu sein aus, wenn er sagt: Der Mensch schaut von der Distanz seiner „Anderheit"

> … heimlich und scheu nach einem Ja des Seindürfens aus, das ihm nur von menschlicher Person zu menschlicher Person werden kann; einander reichen die Menschen das Himmelsbrot des Selbstseins (ebd. S. 37).

Das gegenseitige Aufeinander-angewiesen-sein ist von Buber nicht als abstraktes Prinzip oder jenseitiger Trost gedacht, sondern soll in konkreten Situationen und an konkrete Menschen gebunden in die Tat umgesetzt und dadurch bewährt werden.

3.1.2 Ich-Es und Ich-Du

Der Doppelbewegung des Distanzierungsaktes und der Beziehung entsprechen die beiden Grundworte, auf denen Buber seine Dialogphilosophie aufbaut. Sie bezeichnen zwei Grundhaltungen zur Welt, die Buber (1997) in Wortpaaren fasst und Ich-Du und Ich-Es nennt.

> Es gibt kein Ich an sich, sondern nur das Ich des Grundworts Ich-Du und das Ich des Grundworts Ich-Es (ebd. S. 8).

Ich-Du kann nur mit dem ganzen Wesen gesprochen werden und ermöglicht die Welt der unmittelbaren Beziehung. Ich-Du liegt jenseits von Ich-Es, das die Welt der Erfahrungen und Gefühle bezeichnet und in der immer *etwas* als Objekt erfahren oder empfunden wird. Erfahrung bezieht sich auf Vergangenes und ist *im* Menschen, Beziehung geschieht in der Gegenwart *zwischen* Menschen. Ich-Es ist das Grundwort der Trennung, es unterliegt der Kausalität von Ursache und Wirkung und ist an Raum und Zeit gebunden. Ich-Du ist das Grundwort der Verbundenheit.
Bubers Lebenswerk besteht darin, auf die unmittelbare Ich-Du Wirklichkeit hinzuweisen. Der flüchtige Leser könnte deshalb den Eindruck bekommen, dass Buber die Ich-Es Welt nicht ernst nähme oder Ich-Es durch Ich-Du ersetzen wollte. Aber unübersehbar wiederholt er in regelmäßigen Abständen, dass Ich-Du nicht andauern und der Mensch in seiner bloßen Gegenwart nicht leben kann. Es gilt:

> Das einzelne Ich-Du *muß*, nach Ablauf des Beziehungsvorgangs zu einem Es werden. Das einzelne Es *kann*, durch den Eintritt in den Beziehungsvorgang, zu einem Du werden (ebd. S. 37).

Ich-Es ist die Sphäre, in der die Menschen sich einrichten können, die Orientierung schafft und Sicherheit verleiht und somit den Rahmen bietet, in dem der Mensch leben kann. Ich-Du ist das unheimliche Grundwort, das die Sicherheiten des Ich-Es erschüttert und in Frage stellt. Nun ist es aber möglich, dass sich die Haltung des Ich-Es verselbständigt und beansprucht, die einzige Wirklichkeit zu sein. Buber richtet sich mit seiner Dialogphilosophie - leidenschaftlich - lediglich gegen diesen Anspruch der Verabsolutierung, den er in seiner Zeit zu beobachten meint.

> Das Grundwort Ich-Es ist nicht vom Übel – wie die Materie nicht vom Übel ist. Es ist vom Übel – wie die Materie, die sich anmaßt, das Seiende zu sein. Wenn der Mensch es walten lässt, überwuchert ihn die unablässig wachsende Eswelt, entwirklicht sich ihm das eigene Ich … (ebd. S. 49).

Das Ich des Grundwortes Ich-Du unterscheidet sich von dem Ich des Grundwortes Ich-Es. Letzteres ist Eigenwesen und „… wird sich bewusst als Subjekt (des Erfahrens und Gebrauchens)" (ebd. S. 65). Es setzt sich gegen andere ab und entspricht damit der Distanzierungsbewegung. Das Ich des Ich-Es analysiert und zerlegt, es will besitzen, verwalten und zurechtkommen. Es betrachtet alle und alles, mit dem es umgeht als Objekt, was sich auch in Form von Fürsorge oder Förderung von Menschen ausdrücken kann (vgl. Buber, 1994, S. 130). Für Es kann auch Er oder Sie eingesetzt werden. Wer also einen Menschen mit Du anspricht, ihn aber als Objekt meint, der lebt im Ich-Es, weil er das Wort „Du" *benutzt.* So ist beispielsweise jede Form der Beschreibung Ich-Es Haltung.

> Ich kann die Farbe seiner Haare oder die Farbe seiner Rede oder die Farbe seiner Güte aus ihm [dem Menschen SP] holen, ich muß es immer wieder; aber schon ist er nicht mehr Du (ebd. S. 13).

Auch die den Menschen umgebende Wirklichkeit wird vom Ich des Ich-Es benutzt, ausgebeutet und in feste Schemata gepresst. Ich-Es ordnet die Welt. Und genau so wie die anderen Menschen und die Welt behandelt werden, so wird sich auch das Ich des Ich-Es „…als eines So-und-nicht-anders-seienden bewusst" (ebd. S. 66), es „… schlemmt an seinem Sondersein" (ebd. S. 67). Das Eigenwesen des Ich-Es ist ein selbstreflexives Individuum, das sich gerne mit allem beschäftigt, was es auszumachen scheint: Die eigene Art, die nationale Zugehörigkeit, das eigene Schaffen, die eigene Genialität. Es ist darauf aus, vom Anderen so viel wie möglich in seinen Besitz oder unter seine Kontrolle zu bringen. Die Menschen sind für das Ich des Ich-Es „die Anderen", denen es einen isolierten Platz neben dem eigenen Ich zuweist, bzw. vor denen es sich aufbaut, um sie zu erfahren und zu gebrauchen.

> Und in allem Ernst der Wahrheit, du: ohne Es kann der Mensch nicht leben. Aber wer mit ihm allein lebt, ist nicht der Mensch (Buber 1997, S. 38).

Im Gegensatz dazu ist das Ich des Ich-Du Person, die sich als „Mitseiend und so als eines Seienden bewußt [wird]" (ebd. S. 66). Ihre Aufmerksamkeit richtet sich nicht auf ihr Sondersein, das lediglich Voraussetzung dazu ist, um in Beziehung zu anderen zu gelangen, „... die notwendig und sinnvolle Fassung des Seins“ (ebd. S. 67). Ich-Du ist unmittelbare Subjekt-Subjekt Beziehung, der Andere ist ein vom Ich des Ich-Du unabhängiger, aber mit ihm verbundener Mit-mensch.

> Zwischen Ich und Du steht kein Zweck, keine Gier und keine Vorwegnahme; und die Sehnsucht selber verwandelt sich, da sie aus dem Traum in die Erscheinung stürzt. Alles Mittel ist Hindernis. Nur wo alles Mittel zerfallen ist, geschieht die Begegnung (ebd. S. 16).

Während der Zweck des sich vom anderen absetzenden Eigenwesen im Erfahren und Gebrauchen liegt und damit die durch den Tod begrenzte Lebenszeit ausfüllt, ist der Zweck der Beziehung deren eigenes Wesen. Es speist sich als Gegenwart, die „... nicht das Flüchtige und Vorübergleitende, sondern das Gegenwartende und Gegenwährende [ist]“ (ebd. S. 17) aus lebendiger Ewigkeit.

Jeder Mensch, so meint Buber, lebt im zwiefältigen Ich des Ich-Es und Ich-Du. Daran, was der Mensch meint, wenn er „Ich“ sagt, ist erkennbar, wohin er mehr gehört. Es geht Buber nie um die Auflösung des Ich, das in seinen Augen für jede Beziehung, sei es zu Menschen, Dingen oder dem ewigen Du unerlässlich ist. Wohl aber möchte er aufrufen zum Aufgeben

> ... jenes falschen Selbstbehauptungstriebs, der den Menschen vor der unzuverlässigen, undichten, dauerlosen, unübersehbaren, gefährlichen Welt der Beziehung in das Haben der Dinge flüchten läßt (ebd. S. 79).

Wie verflochten das jeweils eigenständige Ich und Du miteinander sind, wird deutlich, wenn Buber erklärt, wie Ich und Du zusammenhängen.

> Der Person des Andern verdanke ich, daß ich dieses Du habe: aber mein Ich -...- verdanke ich dem Dusagen, nicht der Person, zu der ich Du sage (Buber, zit. nach Werner, 1994, S. 58).

Während das Ich-Es Verhältnis zur Welt und den Menschen das Eigenwesen verstärkt, führt die Ich-Du Beziehung den Einzelnen über sich selbst hinaus zur Wirklichkeit des anderen. „Zwischen“ nennt Buber die Sphäre, die eine Wirklichkeit über sich selbst hinaus zu einer anderen Wirklichkeit führt. Im „Zwischen“ ereignet sich für ihn das Entscheidende, denn der Sinn liegt weder im Ich noch im Du oder Wir begründet, sondern in dem, was sich zwischen Ich und Du ereignet. Ich-Du beschränkt sich für ihn nicht auf menschliches Miteinander, sondern ereignet sich ebenfalls zwischen Mensch und Natur und Mensch und geistigen Wesenheiten[7].

---

[7] Vgl. ausführlich in Bubers Grundlagenschrift Ich und Du, enthalten in: Das dialogische Prinzip, 1997, S. 10ff.

3.1.3 Drei Arten der Wahrnehmung: Beobachten, betrachten, innewerden

Buber (1997, S.150ff) unterscheidet drei Arten, wie Menschen einander wahrnehmen können und setzt sie in Beziehung zu den Haltungen im Ich-Es und Ich-Du.

Der *beobachtende* Mensch ist ein forschender Mensch, der gespannt alles notiert und so genau wie möglich festhält. Das Ergebnis seiner wissenschaftlichen Bemühungen um Vollständigkeit ist eine Summe von Zügen, die er am Menschen beschreiben kann.

Der *betrachtende* Mensch erwartet unbefangen, was sich ihm mit dem anderen Menschen darbieten wird. Er lässt sich mit der Haltung des künstlerischen Improvisierens auf den Anderen ein und kann als Ergebnis die Wahrnehmung einer Existenz beschreiben. Beobachten und Betrachten verbindet in ihrer Unterschiedlichkeit, dass ihre Ausführenden wahrnehmen *wollen.* Sie bleiben in Distanz zu ihrem Gegenüber. Die Art ihrer Wahrnehmung hat keine Konsequenzen für das eigene Leben. Buber ordnet beobachten und betrachten den Bereichen Wissenschaft und Ästhetik zu, die ihrerseits dem Ich-Es angehören.

Der *innewerdende* Mensch lässt sich ansprechen. Er will nicht etwas über den anderen erfahren, sondern öffnet sich dafür, dass *ihm* etwas gesagt wird, dass sein Gegenüber in das Leben des ihm Zuhörenden hinein spricht. Daraus folgt, dass er zu antworten hat. Seine Antwort stiftet Gegenseitigkeit. Innewerden bedeutet Hinwendung zum Anderen um seinetwillen, gekoppelt mit der Bereitschaft, sich ansprechen zu lassen. Hinwendung ist die dialogische Grundhaltung. Buber (1997) führt aus, dass Menschen sich gegen dieses Angesprochen werden wehren. „Jeder von uns steckt in einem Panzer, dessen Aufgabe ist, die Zeichen abzuwehren“ (ebd. S. 153). Mensch sein heißt für Buber aber gerade dieses: Angesprochen werden und antworten. Der Ehrgeiz der Menschen, die Geschehnisse um sie herum von der Anrede zu trennen, so dass sie der eigenen Person keine Fragen mehr stellen können, macht für Buber einen entscheidenden Teil der Krise aus (s. u. 3.2.1).

> All unsere Wissenschaft versichert uns: „Sei ruhig, da geschieht eben alles wie es geschehen muß, aber an dich ist nichts gerichtet, du bist nicht gemeint, das ist eben „die Welt“, du kannst sie erleben wie du willst, aber was immer du in dir damit anfängst geht von dir allein aus, man fordert dir nichts ab, man redet dich nicht an, alles ist still (ebd. S. 153).

Anrede steckt für Buber in allem, was einem Menschen widerfährt. Sie ist alltäglich – aber der Mensch ist oft nicht bereit, sich ansprechen zu lassen.

3.1.4 Urhebertrieb und Trieb nach Bestätigung

Für (sozial-) pädagogisches Handeln sind zwei weitere anthropologische Voraussetzungen interessant, die Buber den „Urhebertrieb“ (Buber, 2000, S.15) und den „Trieb nach Verbundenheit“ (ebd.) nennt. Da Triebe auch in der Psychoanalyse eine zentrale Rolle spielen, grenzt Buber sein Verständnis vom psychologischen ab. Er versteht unter dem Urhebertrieb einen selbständigen, nicht ableitbaren Trieb, der als *eine* Stimme neben anderen im Menschen existiert. Buber hält es für nötig, auf die

> ...Polyphonie der menschlichen Innerlichkeit hinzuzeigen, innerhalb derer keine Stimme auf eine andere 'zurückzuführen' und die Einheit nicht analytisch herauszulösen, sondern nur im gegenwärtigen Zusammenklang zu erhorchen ist (ebd. S.17).

Er wendet sich mit scharfen Worten gegen das Freudsche Triebverständnis, das die Libido als zentrales Element auffasst, das alles andere durchdringt und damit dominiert.

Wie schon Ich und Du und Urdistanz und Beziehung von Buber als eigenständige Größen beschrieben werden, die voneinander unabhängig doch aufeinander angewiesen sind, so versteht er auch den Urhebertrieb und den Trieb nach Verbundenheit als solch ein zusammengehöriges Doppel.

Der Urhebertrieb beschreibt den Drang des Menschen, seine schöpferische Kraft zur Entfaltung zu bringen[8]. Der Mensch will eigenständig handeln, aktiv tätig sein, Eigenes herstellen, Neues schaffen. „Dinge machen“ (ebd. S. 16) nennt Buber diesen Willen zur Produktion, was meint, dass der Mensch beim Produktionsvorgang beteiligtes Subjekt sein möchte. Neben das haben-wollende Ich des Ich-Es, tritt hier dessen handeln-wollender Aspekt. Der Urhebertrieb ist wichtig, weil der Mensch im Tun viel über die Möglichkeiten, die Entstehung, den Bau und die Zusammensetzung eines Objektes erfährt. Die Grenze des Triebes sieht Buber in der Einseitigkeit des Vorganges.

> Werkhaftes tun ist ein 'einseitiger' Vorgang. Da ist eine Kraft in der Mitte der Person, da geht sie aus, bildet sich dem Stoff ein, da hat sich nun das Werk gegenständlich erhoben, die Bewegung ist zu Ende, sie ist in einer Richtung, vom Traum des Herzens in die Welt, verlaufen und abgelaufen“ (ebd. S.19).

Sein Fazit beinhaltet zweierlei: Der Mensch als Urheber allein betrachtet ist ein einsamer Mensch. Pädagogische Anstrengung, die zum *Ziel* hat, die Kräfte zum „urheben“ zu fördern, produziert eine „neue, schmerzlichste Vereinsamung der Menschen“ (ebd. S. 20). Buber kommt daher zu dem Schluss, dass die Entfaltung der

[8] Vgl. (2.2) Fromms Formulierung „Macht zu etwas “ , die sich im spontanen Tätigsein Ausdruck verschafft (s. o. 2.2.4).

schöpferischen Kraft nicht Ziel pädagogischen Handelns sein kann und darf. Der Urhebertrieb ist unverzichtbar, führt aber allein gelassen nicht zum Anteil an einer Sache und nicht in die Gegenseitigkeit, sondern initiiert das Einzelwerk. Der Urhebertrieb wird von Buber als die *Voraussetzung* allen pädagogischen Handelns angesehen. Der eigenständig schaffende Mensch, der nach dem Vollzug des eigenen Werkes mit der Person des Anderen zu tun bekommt, die ihn aus ihrer Sicht auf das Werk anspricht, folgt nicht mehr dem Urhebertrieb alleine, sondern lässt sich auf die Möglichkeit des Du-sagens ein. Das Ziel pädagogischen Handelns richtet sich darauf, den Schaffenden für die Ansprache auf sein Werk zu sensibilisieren und ihn zur Antwort zu ermutigen. Aus dem einsamen Urheber wird auf diese Weise ein teilnehmender Mensch, der sich einem größeren Ganzen verbunden weiß. Einzelwerk wird zu Werksache. Der Trieb nach Verbundenheit weckt im Menschen die Erinnerung an dessen eingeborenes Du, die Ahnung, dass jeder einzelne Mensch das Du braucht, um Ich werden zu können.

Wieder gelingt es Buber (2000), mit wenigen Worten das Verhältnis von Urhebertrieb und Trieb nach Verbundenheit zu beschreiben: „Der Gegenpol von Zwang ist nicht Freiheit, sondern Verbundenheit" (ebd. S. 26).

Zwang im pädagogischen Handeln wird da ausgeübt, wo dem Urhebertrieb des Menschen kein Raum gewährt wird. Freiheit wird in der Ausübung des Urhebertriebes erfahrbar. Dieser Freiheit wohnt jedoch die „Allmöglichkeit" und „Alldeutigkeit" (ebd. S. 27) inne. Buber versteht Freiheit als die notwendige Unabhängigkeit eines Menschen, die für Verbundensein können mit dem Mitmenschen unverzichtbar ist. Mit der Freiheit soll der Mensch sich aber nicht zufrieden geben. Mit ihrer Hilfe ist er aufgefordert, Anlauf zu nehmen zum Sprung, der sich zum Anderen hinüber wagt.[9]

3.1.5 Das echte Gespräch und seine Merkmale

Bubers gesamtes Werk handelt vom echten Gespräch, das in seinem Wesen nur gelebt und nicht beschrieben werden kann. Er zieht deshalb immer wieder einen Kreis um das, was er als das Wertvollste im menschlichen Leben bezeichnet und grenzt es von dem ab, was er nicht meint. So entlarvt Buber (1997, S. 166ff)

- die Debatte, als zugespitzte Redeform, die kein Gewahrsam für die andere Person hat,

[9] Diese Überlegungen klingen wie ein Gespräch mit Erich Fromm, der zwischen „Freiheit von" und „Freiheit zu" unterscheidet und zu letzterer aufruft (s. o. 2.2).

- die Konversation, die nur geführt wird, um das eigene Selbstgefühl durch das Ablesen des gemachten Eindrucks bestätigt zu bekommen,
- die freundschaftlich, nachbarschaftliche Unterhaltung, in der jeder der Redenden sich selber absolut setzt und die Äußerungen des Anderen lediglich als Stichworte für das eigene Reden benutzt und
- das Liebesgespräch, in dem jede und jeder sich selbst und sein Erleben genießt

als dialogisch verkleidete Monologe. Zwar reden dem äußeren Anschein nach zwei Menschen im Wechsel miteinander, aber sie meinen jeweils nur sich selber. Buber nennt diese Haltung „Rückbiegung", und bezeichnet damit das Gegenteil der dialogischen Grundbewegung der „Hinwendung".

Im echten Gespräch dagegen, wenden sich die Teilnehmenden einander zu. Der *Andere* wird zum konkreten *Partner*, der bestätigt wird. Zu der Person des Gegenübers wird Ja gesagt, ohne dass dies die Übereinstimmung mit deren Meinung und Ansichten voraussetzt oder zur Folge haben müsste. Die Gegenseitigkeit, die bei der Erwiderung dieser Haltung entstehen kann, ist zentrales Kennzeichen für das echte Gespräch. Ohne Gegenseitigkeit gibt es kein Ich-Du, keine Dialogik. Sie ist die wechselseitige Ergänzung von Geben und Nehmen. Buber (2000) unterscheidet drei Formen der Gegenseitigkeit (vgl. ebd. S. 41ff): 1. Die gegenseitige Umfassung, die er Freundschaft nennt, 2. die einseitige Umfassung, die sich im Lehrer-Schüler Verhältnis bzw. Therapeut-Klienten Verhältnis findet und 3. die abstrakte Umfassung. Sie bezieht sich nicht auf die ganze Person, sondern auf das Geistige im Menschen[10].

Umfassung ist ein Vorgang, in dem jeder mit sich selber identisch bleibt, gleichzeitig aber das eigene Reden und Handeln von der Gegenseite aus erfahrbar wird. Berührung beispielsweise wird doppelseitig verspürt: Noch mit der eigenen Handfläche und schon auch von der Haut des Gegenübers her.

---

[10] Der Widerspruch, der in der Aufhebung der vollen Gegenseitigkeit liegt, die nur der einen Seite Umfassung zugesteht, trägt der pädagogischen und therapeutischen Praxis Rechnung, in der eine Seite willentlich auf die andere einwirken will und soll. Dieser Widerspruch wird in der Buber Rezeption weitgehend ignoriert (vgl. Muth, 1998, S. 40ff). Ob das pädagogische Prinzip der einseitigen Umfassung innerhalb der Erwachsenenbildung Gültigkeit beanspruchen kann, ist zu hinterfragen. Begegnen sich doch dort Menschen mit eigener Lebenserfahrung, die in den Lehr-Lernprozess entscheidend eingehen. In der Erwachsenenbildung geht es nicht um Heilung und Erziehung (vgl. Buber 1997, S. 132), sondern um Bildung, der jedoch ebenfalls ein Hierarchiegefälle zugrunde liegt. Eine befriedigende Zwischenstufe, die diesem Umstand Rechnung trägt und zwischen einseitiger Umfassung und Freundschaft anzusiedeln wäre, fehlt in der Buberschen Darstellung der möglichen Umfassungsformen, da sich die abstrakte Umfassung auf die Beziehung unter Kollegen und Kolleginnen zu beziehen scheint.

Zum echten Gespräch gehört, dass sich die Teilnehmenden ohne Vorbehalt einbringen. Jeder und jede ist bereit, das was zu sagen ist, „ohne Verkürzung und Verschiebung [herzugeben]“ (Buber, 1997, S. 294). Buber nennt dies Rückhaltlosigkeit, was nicht meint, irgendetwas zu sagen und drauf los zu reden, sondern nichts von dem was gesprochen werden will, zurückzuhalten. Teilnehmendes Schweigen ist Teil des echten Gespräches, denn es entzieht sich nicht, sondern wartet auf den Moment des Sprechens.

Buber (ebd. S. 279ff) nennt sechs „Spukgestalten“, die echtes Gespräch zerstören, weil in ihnen der Schein herrscht. Er verdeutlicht sie an den beiden fiktiven Gesprächspartnern Peter und Paul und deren möglichen Haltungen zueinander. So kann es geschehen, dass das Geredete zuerst dem *Image* jedes Gesprächspartners dienen soll. Die beiden reden so, wie sie einen guten Eindruck auf das Gegenüber zu machen glauben. Wie aber das Gesagte von Paul wirklich bei Peter ankommt und umgekehrt, mag sich von der Intention des Sprechenden sehr unterscheiden. So kann es sich ereignen, dass beide als Hörende mit sich selber beschäftigt sind, indem sie sich darüber klar zu werden versuchen, wie das Gegenüber ihnen erscheint. Statt zuzuhören, was der Sprechende meint, entwickeln sie ihr *Fremdbild* vom Gegenüber. Beide können sich als letzte Möglichkeit auch damit beschäftigen, sich selber zuzuhören, während sie sprechen und so ihr *Selbstbild* bestätigen. Alle drei Haltungen: Dem anderen auf bestimmte Weise erscheinen wollen, sich damit befassen, wie der andere auf mich wirkt und die Selbstbildpflege sind Scheingestalten, die das echte Gespräch zerstören. Sie verhindern, was das echte Gespräch ausmacht: „…dass Menschen sich einander mitteilen als das was sie sind“ (ebd. S. 280) und das heißt, dass ein Gesprächsteilnehmer „… dem Menschen, dem er sich mitteilt, an seinem Sein teilzunehmen gewähre“ (ebd. S. 280). Wie man dorthin gelangt, beschreibt Buber mit dem Vertrauen in das jedem Menschen eingeborene Du.

> Spuk kann gebannt werden. Stellen wir uns einen Peter und einen Paul vor, die es anzuwidern beginnt, die es immer heftiger anwidert, durch Gespenster vertreten zu werden. In jedem von beiden erwacht, erstarkt der Wille, als dieser Seiende und nicht anders bestätigt zu werden. Wir sehen die Kräfte des Wirklichen an ihrem bannenden Werk, bis der Schein hier und hier zerrinnt und die Abgründe des Personseins einander anrufen (ebd. S. 281).

Das echte Gespräch zeichnet sich durch Ehrlichkeit aus, die den Schein durch Vertrauen überwindet. In solchem Gespräch „vollzieht sich eine denkwürdige, nirgendwo sonst sich einstellende gemeinschaftliche Fruchtbarkeit“ (ebd. S. 295).

Das echte Gespräch ist nicht planbar. Es verlangt die Offenheit dem konkreten Menschen in einer konkreten Situation gegenüber, die es so noch nie gegeben hat und für die deshalb auch noch keine fertige Antwort existieren kann. So versteht Buber die Bedeutung des zentralen Grundbegriffes der „Verantwortung", in einem sehr wörtlichen Sinn als „Antwort geben". Die Bereitschaft, genau hinzuhören und sich ansprechen zu lassen ist deren Voraussetzung. Die Antwort erfolgt durch ein Tun oder Lassen, durch Reden oder Schweigen. Sie kann nie Pauschalantwort sein. Für Buber ist die Alltagswirklichkeit eines Menschen das ihm vom Schöpfer dargereichte Stück Schöpfung. Er nennt es „Weltkonkretum". Das alltägliche Umfeld ist der Übungsraum, in dem der Mensch das Angesprochen werden und Antwort geben lernen kann. Zum echten Gespräch gehört es, dass allen Beteiligten eine aktive Teilnahme zugestanden wird. Der spontane, rückhaltlose und unmittelbare Charakter des echten Gespräches straft Menschen lügen die meinen, „...ein solches Gespräch vor einem Publikum interessierter Zuhörer mit gebührender publizistischer Assistenz veranstalten zu können" (ebd. S. 297).

3.2 Pfade in Utopia

Die bisherige Darstellung der Dialogphilosophie bezieht sich auf zwei Menschen und das echte Gespräch, das sich zwischen ihnen ereignet. In „Pfade in Utopia" gewährt Buber (1985) Einsicht in die gesellschaftserneuernde Kraft, die er dem dialogischen Prinzip zutraut. Der von ihm angedeutete Pfad ist ein Versuch, jenseits von Individualismus (Leben als vereinzeltes Ich) und Kollektivismus (Symbiotisches Ich, das die eigene Verantwortung abgegeben hat) gemeinschaftlich leben zu lernen (Ein Ich *mit* einem Du, als eigenständige *und* aufeinander angewiesene Ebenbürtige). Dieser Ansatz macht Bubers Sozialutopie auch heute hoch aktuell. Eckpfeiler ist eine Form von Miteinander, die Buber Gemeinschaft nennt. Sie ist die Grundlage für Bubers Verständnis vom „Wir". Baustein der Gemeinschaft ist das dialogische Miteinander ihrer Mitglieder, wobei die echte Beziehung zu *einem* Mitglied die grundsätzliche Offenheit für alle Mitglieder impliziert, ohne dass jede mit jedem in dialogischer Beziehung stehen kann und es auch nicht muss. Als Vorbild dienen Buber die hebräischen Genossenschaftsdörfer in Israel.

In den nachfolgenden Kapiteln wird zunächst Bubers Sicht der menschlichen Krise dargelegt. Anschließend werden die Kriterien für sein Gemeinschaftsverständnis zusammengetragen, mit deren Hilfe die Krise überwunden werden kann.

3.2.1 Die Krisis

Die moderne Politik der Aufklärung und der Kapitalismus als Wirtschaftssystem wirken nach Bubers Beobachtung insofern zusammen, dass beide die Tendenz, Gesellschaft zu destrukturieren verstärken. Buber versteht darunter die Bestrebung zur Zentralisierung der Macht bei gleichzeitiger Zerlegung der Gesellschaft in einzelne Atome. Nicht „autonomes Gruppenleben" (Buber 1985, S. 227) sondern Individuen will der Staat als Gegenüber haben. Unter dem Druck der Wirtschaft, die mit der Konkurrenz des „jeder gegen jeden" den Kampf des Einzelnen für sich selbst fördert und mit politischen Beschwörungsformeln, die darauf bestehen, dass im Kampf um den Zugang zu Rohstoffen der eigene wirtschaftlich profitable Standort verteidigt werden müsse, wird die Verunsicherung der Menschen betrieben. Sie fühlen sich „... nicht mehr bloß durch die Angriffslust der Nachbarn, sondern auch durch den allgemeinen Stand der Dinge bedroht" (ebd. S. 248). Im Ergebnis heißt dies, dass die Gesellschaft, die aus kleinen Gemeinschaften bestand und dem sozialen Prinzip folgte, sich dem politische Prinzip anpasst: Die Aufmerksamkeit füreinander wird ersetzt durch die perfekte Organisation der Kräfte, Wiederholung und Befolgung von Parolen und die Durchsetzung der staatlichen Interessen durch alle Mitglieder der Gesellschaft. Mit anderen Worten: Die Begegnung von Subjekt zu Subjekt wird von der Verzweckung menschlicher Beziehungen verdrängt. Für den Einzelnen wird die Situation so undurchschaubar, dass er sich aus den autonomen Zusammenhängen der überschaubaren Gemeinschaften löst, die ihm angesichts der globalen Fragestellungen inkompetent scheinen. Er verlässt sich zunehmend auf seine Mitgliedschaft in anonymen Kollektiven, in denen wenige „Experten" entscheiden und denen er sich gehorsam, aber ohne eigene Meinung überlässt. Im Gefühl der „vollkommenen Hingabe an seine Gemeinschaft" verkommt der Mensch vom „... lebenden Glied eines Gemeinschaftskörpers zum Zahnrad der Kollektiv-Maschine" (ebd. S. 249). So ist die Person in Frage gestellt, indem der Kollektivismus „... die Gebundenheitswahrnehmung zur Hörigkeitslehre überspannte und verkehrte" (Buber 1997, S. 264). Der Kreislauf schließt sich: Wo es keine Person mehr gibt, da kann sie sich nicht ansprechen lassen und braucht folgerichtig auch nicht zu antworten.

Anders als für Fromm (s.o. 2.2.3) besteht für Buber die Krise des Menschen nicht nur im Schwund seiner Individualität, sondern darüber hinausgehend, in der Unfähigkeit, miteinander in Beziehung zu treten. In dieser Krise des sich-gegenseitig-Vorenthaltens besteht die Lösung nicht darin, sich nach den dörflichen Strukturen und der vortechnischen Ära zurückzusehnen. Buber plädiert nicht für eine Rückkehr in die „guten alten Zeiten". Es geht ihm um ein „Hindurch", einen Durchbruch unter den neuen Bedingungen zum Vertrauen. Diesen Weg können seiner Meinung nach nur Menschen beschreiten, die mit geeinter Kraft die Richtung auf das Vertrauen hin einzuschlagen bereit sind (s. u. 3.4). Buber (1985) hält nach Menschen Ausschau, die überall in der Welt „... den Planet Erde, nach Territorien, Rohstofflagern und Bevölkerungen, *mitsammen* zu bewirtschaften und zu verwalten [gewillt sind]" (ebd. S. 250). Dabei ist es entscheidend, *wie* der Wille zur gemeinsamen Bewirtschaftung seinen Ausdruck finden wird. Wird die Erdbewirtschaftung dem politischen Prinzip überlassen, so steht nach Bubers Einschätzung ein schrankenloser Machtzentralismus bevor der, seinen eigenen Regeln folgend, versuchen würde alle freien Gemeinschaften zu verschlingen. Entscheiden sich Menschen zu einem gemeinsamen Wirtschaften, das sozialistischen Grundregeln folgt, so besteht die Chance einer Wiedergewinnung des dialogischen Prinzips und damit die Möglichkeit einer menschlichen Gesellschaft.

Buber (1997) entgegnet den Kritikern, die die Beibehaltung des politischen Prinzips um des wirtschaftlichen Fortschrittes willen für unverzichtbar erklären und Bubers Utopie als Schwärmerei und das dialogische Prinzip als „Vorkriegsindividualismus in verbesserter Neuauflage“ (ebd. S. 189) abtun:

> Redender, du redest zu spät. Eben noch hättest du deiner Rede glauben können, jetzt kannst du es nicht mehr. Denn vor einem Nu hast du es wie ich gesehen, dass der Staat nicht mehr gelenkt wird. Die Heizer häufen noch die Kohlen, aber die Führer regieren nur noch zum Schein die dahinrasenden Maschinen... Sie sagen dir, sie passten den Apparat den Verhältnissen an; aber du merkst, sie können fortan nur noch sich dem Apparat anpassen, solang er es eben erlaubt. Ihre Sprecher belehren dich, dass die Wirtschaft das Erbe des Staates antrete; du weißt, dass es nichts anderes zu erben gibt als die Zwingherrschaft des wuchernden Es, unter der das Ich, der Bewältigung immer unmächtiger, immer noch träumt, es sei der Gebieter (ebd. S. 50).

Was meint Buber, wenn er von Gemeinschaft spricht, diese als sozialistisch bezeichnet und sie als den Ort beschreibt, von wo aus sich das Dialogische wieder in das öffentliche Leben der Gesellschaft hineinfinden kann?

3.2.2 Wie kann Gemeinschaft werden?

Gemeinschaft ist für Buber weder Dogma noch abstrakter Begriff. Gemeinschaft ist gebunden an Menschen, die sich auf den hindernisreichen Weg ihrer Verwirklichung begeben haben. Sie ist eine Lebensform, die sich auszeichnet durch ein „... immer erneute[s] Versuchen, Sichdrangeben, Kritischwerden und Neuversuchen...“ (Buber 1985, S. 230). Gemeinschaft, wie Buber sie versteht, antwortet auf die Notwendigkeit einer Situation und ist ausgerichtet an einem Ideal, das verschiedenartigen Zukunftsträumen entsprechen kann, ohne schon ein fertiges Modell zu sein.

Gemeinschaft ist nach Buber kein Selbstzweck, sondern bezogen auf die Erneuerung der Gesellschaft. Vier Kennzeichen machen die gesunde Gemeinschaft aus. In ihrem Inneren begegnen Menschen sich mit Offenheit füreinander. Vertrauen zueinander schafft echte Verbindungen von Ich-Du, die wiederum ermöglichen, sich in ihr als Einzelne zeitweise zur eigenen Klärung zurückziehen zu können, ohne der Isolierung preisgegeben zu sein. Nichts anderes als dieses Verhältnis der Menschen zueinander nennt Buber (1993b) sozialistisch.

> Was jeder im Herzen meint, wenn er „Sozialismus“ sagt, ist wirkliche Gemeinschaft zwischen den Menschen, unmittelbare Lebensbeziehung zwischen Ich und Du, echte Societas, echtes Genossentum. Wir müssen also eine echte Gemeindeautonomie haben, die so weitgehend ist, als es die rechtmäßigen Ansprüche der Gesamtheit erlauben (ebd. S. 372).

Der einzelne Mensch ist trotz seiner Zugehörigkeit zur Gruppe nie der Verantwortung ihr gegenüber enthoben – auch und gerade dann nicht, wenn er zu einer

Antwort gelangt, die dem Gruppenkonsens entgegensteht. So wie einzelne Menschen dialogisch miteinander verbunden sind, so soll es auch einen Zusammenschluss der verschiedenen Gemeinschaften geben, die untereinander in echter Verbindung und lebendigem Austausch stehen. Buber lässt auf diese Weise das Bild einer Gemeinschaft entstehen, die sich aus Gemeinschaften zusammensetzt. Die Menschen, die sich innerhalb ihrer Gruppen an den Rand begeben und den Dialog miteinander üben, bilden eine Querfront, die um die Welt herum ein verbindendes Netz spannt. Er rechnet mit der überzeugenden Wirkkraft dieser konkreten Gemeinschaften, die durch ihren einladenden Charakter andere ermutigen, sich ihnen anzuschließen. So haben Gemeinschaften auf lange Sicht gesellschaftsverändernde Kraft und setzen zugleich einen Anfang des Miteinanders zwischen verschiedenen Gesellschaftsformen. Gemeinschaft will also nicht Revolution anzetteln, sondern ist als solche revolutionär.

Buber hält die Gründung von Gemeinschaften für den Weg, sich der Verobjektivierung menschlichen Lebens entgegenzustellen. Seine Diagnose lautet: Die Gemeinschaft wollende und stiftende Kraft

> „... scheint in unserer Zeit zu fehlen. So leidenschaftlich die heutigen Menschen nach Gemeinschaft begehren, sie scheinen nicht die Kraft zu haben, sie zu tun" (1985, S. 276).

Woher diese Kraft zu beziehen ist, beschreibt Buber mit einem Bild, in dem die religiöse Dimension ins Spiel kommt. Jede Gemeinschaft hat eine Mitte. Der einzelne Mensch steht in einer lebendigen Beziehung zu ihr. Diese Beziehung zur Mitte, nicht der Zusammenschluss Gleichgesinnter, konstituiert Gemeinschaft. Die Mitte ist durchsichtig ins Göttliche hinein und hat doch ganz konkret mit dem Menschen zu tun. Bubers Vorstellung von Gemeinschaft ist weder auf das exklusive Verhältnis von Gott und dem Einzelnen beschränkt, noch wendet sie sich ausschließlich an die Aktivität von Menschen, die sich zu einer Gruppe zusammengefunden haben. Die Beziehung des Einzelnen zum ewigen Du (Gott) schließt alle anderen Beziehungslinien (zu Menschen) mit ein, deren Eigenwert aber erhalten bleibt.

> Die verlängerten Linien der Beziehungen schneiden sich im ewigen Du. Jedes geeinzelte Du ist ein Durchblick zu ihm (Buber, 1997, S. 76).

Diese Transzendenz wird laut Buber umso deutlicher, je konkreter und sichtbarer das Werk einer Gemeinschaft in der Welt ist. So ist die Beziehung zur religiösen Mitte nicht mystischer Art, sondern an ein gemeinsames Werk gekoppelt. Buber geht von einer absoluten Wahrheit aus, die als gegenüber Seiendes existiert. Sie kann von den Menschen nicht besessen werden, wohl aber können diese sich aufmachen, um mit ihr in Beziehung zu treten. Bubers Glaube an einen Schöpfer, der hier sichtbar wird, zieht jedoch keine Trennlinie. Jude zu werden ist nicht Voraussetzung für ein dialogisches Leben, denn:

> Die Gottesbegegnung widerfährt dem Menschen nicht, auf dass er sich mit Gott befasse, sondern auf dass er den Sinn an der Welt bewähre (ebd. S.117).

Die Religiosität die Buber meint, ist nicht an eine offiziell verfasste Religion und ihre Institutionen gebunden, sondern ist Erfahrung *jedes* Menschen, der dialogische Begegnung kennt und übt.

> ... in jedem Du reden wir das ewige an... (ebd. S. 10).

> Wirkliches Miteinanderleben von Mensch zu Mensch kann nur da gedeihen, wo die Menschen die wirklichen Dinge ihres gemeinsamen Lebens miteinander erfahren, beraten, verwalten, wo wirkliche Nachbarschaften, wirkliche Werkgilden bestehen (Buber, 1985, S. 387).

Werner (1994) wirft die Frage auf, welche Konsequenzen sich aus dieser Sicht ergäben, übertrüge man sie auf das Zusammenleben von Menschen verschiedener Kulturen, also in die Alltagsbezüge einer multikulturellen Gesellschaft. Diese Frage wird später wieder aufgenommen werden (s. u. 5). Gemeinsames Handeln von gläubigen Menschen verschiedener Religionen, ist von Bubers Sozialutopie aus denkbar.

Zusammenfassend entstehen aus Bubers Überlegungen folgende Kriterien zur Überwindung der Krise des Menschen:

- Es ist von der konkreten gesellschaftlichen Situation auszugehen und von hier aus zu sehen, was zu tun ist. Bubers Utopie wird nicht in „Kein Ort nirgends“ gedacht, sondern ist darauf angelegt, dass Menschen das als notwendig Erkannte nach bestem Vermögen im „Hier und Jetzt“ in die Tat umsetzen. Buber nennt sie deshalb Topie.
- Das Planen der gemeinsamen Handlungen ist wichtig, noch wichtiger ist jedoch die Bereitschaft, für Überraschungen offen zu bleiben. Gemeinschaft im Buberschen Sinn ist kein durch intellektuelle Anstrengungen entstandenes Endprodukt, sondern werden-wollende Gemeinschaft.
- Die einzelnen Mitglieder sind in Beziehung zu einem Göttlichen. Als Wahrheitssuchende haben verschiedene Menschen in der Gemeinschaft Platz.
- Gemeinschaft ist kein Selbstzweck, sondern will verändernd in Gesellschaften hineinwirken.

- Sie setzt nicht an der Änderung von Institutionen, sondern beim menschlichen Miteinander an.

> Die Gesinnung der Gemeinschaftlichkeit waltet nicht da, wo man gemeinsam, aber gemeinschaftslos einer widerstrebenden Welt die ersehnte Änderung der Einrichtungen abringt, sondern wo der Kampf, der gekämpft wird, von einer um ihre eigene Gemeinschaftswirklichkeit ringenden Gemeinschaft aus gekämpft wird (Buber 1997, S. 184f).

Das Ziel ist die Wiedergewinnung von Ich-Du. Dialogische Menschen sollen sich innerhalb verschiedener Gruppen weltweit als „Querfront" miteinander verbinden und dem mainstream des sich selbst absolut setzenden Ich-Es Widerstand leisten. Nebenprodukt dieser Gemeinschaften ist eine Ethik, die soziale Gerechtigkeit ermöglicht. Romantische Träumerei, die in den realen Verhältnissen unserer Gesellschaft nicht zu verwirklichen ist oder Prophetie, die den Weg weist? Die Leser sind wie stets aufgefordert, ihre eigene Meinung zu bilden. Buber entgegnet seinen Kritikern:

> Vor allen Dingen, lieber Gegner wenn wir uns miteinander und nicht aneinander vorbei unterhalten sollen, bitte ich Sie zu beachten, dass ich nicht fordere.... Ich versuche nur zu sagen, dass es etwas gibt, und anzudeuten, wie das beschaffen ist; ich berichte. .... Antworten wird nicht gesollt; aber es wird gekonnt. Es wird wirklich gekonnt. Das Dialogische ist kein Vorrecht der Geistigkeit wie das Dialektische. Es fängt nicht im oberen Stockwerk der Menschheit an, es fängt nicht höher an als wo es anfängt. Begabte und Unbegabte gibt es hier nicht, nur Sichhergebende und Sichvorenthaltende.... Zwiesprache ist keine Angelegenheit des geistigen Luxus ... sie ist eine Sache der Schöpfung, des Geschöpfs, und das ist er, der Mensch, von dem ich rede, der Mensch, von dem wir reden, Geschöpf, triviale Unersetzlichkeit" (ebd. S. 190f)

3.3 Martin Bubers Verhältnis zur Psychoanalyse

Nachdem weit ausgeholt wurde, um das Denken Bubers und die gesellschaftliche Bedeutung der Dialogphilosophie darzustellen, schlagen die letzten beiden Kapitel den Bogen zum ersten Hauptteil zurück. Ihr Inhalt sind die kritische Sicht Bubers auf die Psychoanalyse und seine alternative „Therapievorstellung" zur Heilung des Menschen. Es geht bei der Darstellung *nicht* um eine Beurteilung der Buberschen Perspektive, *nicht* um eine Auseinandersetzung mit den Antworten von Sigmund Freud und Carl Gustav Jung auf Bubers Kritik und *auch nicht* darum, nachzuweisen, dass aufgrund der Weiterentwicklung der Psychoanalyse, Bubers Stellungnahme veraltet und nicht mehr haltbar ist[11]. Die Darstellung dient allein dazu, das Anliegen Martin Bubers am Beispiel seiner Haltung zur Psychoanalyse zu verdeutlichen.

Buber hat im Laufe seines Lebens eine Reihe von Psychotherapeuten kennen gelernt. Seine Reaktion auf die Werke von Sigmund Freud und C.G. Jung war Widerspruch. Mit anderen, wie z.B. dem Psychoanalytiker Hans Trüb führte er ein intensives Gespräch[12], aus dem eine gegenseitige Hochachtung resultierte (vgl. Buber 1993a, S. 128ff).

Der Psychologe Harry Tyrangiel (1981) hat im Rahmen seiner Dissertation die Bubersche Literatur auf dessen Verhältnis zur Psychoanalyse untersucht. Er stellt fest, dass es keine Berührung mit moderneren psychoanalytisch orientierten Autoren wie z. B. Erich Fromm[13] gegeben hat und er wundert sich darüber, dass Buber von der – um 1930 entstehenden - europäischen Sozialpsychologie anscheinend keine Notiz genommen hat[14]

[11] Wer hier weiterlesen möchte, sei auf folgende Literatur verwiesen: Cornelia Muth (1998, S. 169ff) setzt sich unter der Überschrift „Dialogik und ihre Transfergrenzen" kritisch mit Bubers mangelnder Bereitschaft zur Selbstreflektion auseinander. Eine Antwort C. G. Jungs auf die Buberschen Vorwürfe findet sich als Anhang in „Gottesfinsternis" (Buber, 1994, S. 135ff). Eine Darstellung neuerer Sichtweisen der psychoanalytischen Theoriebildung am Beispiel der Säuglingsforschung, in Verbindung mit der Dialogphilosophie Martin Bubers ist nachzulesen bei Susanna Matt-Windel (2004).

[12] Die genaue Angabe der relevanten Seiten im dritten Band des Briefwechsels (Schaeder (Hg), 1975) findet sich im Literaturverzeichnis.

[13] Cornelia Muth (1998) widerspricht, wenn sie unter Berufung auf Levinson darauf verweist, dass „Fromm ein persönlicher BUBER-Schüler gewesen ist" (ebd. Anm. 115, S. 153). Die Nähe der Gedanken von Fromm und Buber, auf die in dieser Studie mehrmals hingewiesen wurde, lässt vermuten, dass beide sich durchaus gekannt haben könnten.

[14] Tyrangiel ergänzt, dass nach Bubers Tod u. a. Fritz Perls in der von ihm begründeten Gestalttherapie und Eric Berne in der Transaktionsanalyse (vgl. ausführlich ebd. S.97ff) ausdrücklich auf die Dialogphilosophie Bubers Bezug nehmen.

Bubers Kritik an der Psychoanalyse bezieht sich sowohl auf das ihr zugrunde liegende Menschenbild als auch auf die durch die psychotherapeutischen Methoden gewonnenen Erkenntnisse. Es sind m. E. zwei Hauptpunkte, die sich in Unterpunkte gliedern lassen, die mit Bubers Sicht unvereinbar sind: Die Reduzierung des Menschen aufs Monologische und die Leugnung einer göttlichen Existenz als Gegenüber zum Menschen.

1.) Die Psychoanalyse hat ihren Schwerpunkt in der Erforschung des Unbewussten, beschäftigt sich also mit intrapsychischen Vorgängen. Diese Beschränkung des Menschen auf sich selber verstellt den Blick auf die Wirklichkeit der Beziehung, die für Buber das Mensch-sein schlechthin ausmacht. Für Bubers Blick auf psychische Erkrankungen heißt dies:

> Wenn auch eine große Zahl von Phänomenen so erscheinen, als ob sie außerhalb der Beziehung zwischen Ich und dem Andern stehen, so sind auch diese Phänomene nur dynamisch aus dem Faktum der Beziehung entstanden und durch dieses Faktum verständlich....
> .... Die Krankheiten der Seele sind Krankheiten der Beziehung (Buber 1993a, S.138 und 142).

1a) Die Seele ist für Buber die „Beziehungsfläche zwischen Mensch und Welt“ (ebd. S. 142). *In* ihr gibt es keinen Dialog, denn der ist stets auf ein Ich und ein Du angewiesen. Die „Verseelung der Welt“, die durch die Psychoanalyse Freuds ebenso wie durch die Lehren C.G. Jungs betrieben wird, hebt nach Bubers Ansicht das Gegenüber-sein von Mensch und Welt auf. Dabei ist es egal, ob die *Welt in die Seele* hineingezogen wird oder die *Seele in der Welt* aufgeht, das Ergebnis ist für Buber dasselbe: Die Reduzierung aufs Monologische.

> Wenn der Mensch fortan einmal in der Verfremdung schaudert und die Welt ihn ängstet, dann blickt er auf... und erblickt ein Bild. Da sieht er, dass das Ich in der Welt steckt und dass es das Ich eigentlich gar nicht gibt, also kann die Welt dem Ich nichts anhaben, und beruhigt sich; oder er sieht, dass die Welt im Ich steckt und dass es die Welt eigentlich gar nicht gibt, also kann die Welt dem Ich nichts anhaben, und beruhigt sich.... Das leere Ich ist mit Welt vollgestopft oder die Weltflut überströmt es, und er beruhigt sich (Buber 1997, S. 75).

Dieser Beitrag der Psychotherapie zum Selbstwiderspruch des Menschen ist für Buber unerträglich. Unter Selbstwiderspruch versteht er, das „Gegenübertreten in sich selbst“ (ebd. S. 73). Wer bei sich bleibt und meint, Selbsterforschung sei das *Ziel* menschlichen Lebens, der unterliegt einem Irrtum.

> Hier ist der Rand des Lebens. Ein Unerfülltes ist hier in den wahnwitzigen Schein einer Erfüllung geflüchtet; nun tastet es in den Irrgängen umher und verliert sich immer tiefer (ebd. S. 73).

Buber will dem Menschen die Richtung des Weges weisen, der aus diesem Irrgarten herausführt. Er gibt die Hoffnung nicht auf, dass der „schaudernde“ Mensch, der ahnt, dass ein dialogisches Dasein den Sinn seines Lebens ausmacht, sich besinnt und „…in einem Blitz beide Bilder auf einmal [sieht]" (ebd. S.75). Diese Schau ermöglicht es, dass Welt und Ich einander wieder gegenüberstehen und somit in dialogische Beziehung zueinander treten können.

1b) Das Ich ist für Buber nicht ein Teil des Menschen, der zwischen den Forderungen des Über-Ich und den Triebwünschen des Es vermittelt, sondern der Mensch, der zu der Welt in einem zweifachen Verhältnis als Ich-Es und Ich-Du lebt (s. o. 3.1.2).

1c) Die Reduzierung des Menschen auf psychische Phänomene impliziert ein für Buber nicht akzeptables Verständnis von Schuld. Für Buber (1958) gibt es „… Schuld als Tatsache im Verhältnis zwischen der menschlichen Person und der ihr lebensmäßig anvertrauten Welt" (ebd. S. 15). Buber meint, dass begangene Schuld nicht ins Unbewusste verdrängt wird, sondern, „… dass der Mensch schuldig werden kann und es *weiß* [Hervorhebung SP]" (ebd. S. 18)[15]. Buber nennt Schuld eine Existenzialschuld. Sie hat ontischen Charakter, d.h. ihr Ort ist nicht die Seele, sondern das Sein. Die Psychologen, so Bubers Vorwurf, befassen sich nur mit Schuld*gefühlen*, die es zu beseitigen gilt. Schuldgefühle resultieren aus einem Vergehen gegen ein Tabu und daraus, dass elterliche oder gesellschaftliche Tadel im Kind Reaktionsweisen hervorrufen, die allmählich dazu führen, dass dessen Ich zwischen einem Über-Ich, das fordert und dem Es, den Trieben, die befriedigt werden wollen, vermitteln muss. Buber bestreitet nicht, dass es Schuldgefühle gibt und sich Existenzialschuld häufig „… unübersehbar mit dem problematischen, dem 'neurotischen', dem 'grundlosen' vermischt" (ebd. S. 20). Er wehrt sich aber vehement dagegen, Schuld in Schuldgefühlen aufgehen zu lassen.

1d) Ein wesentlicher Kritikpunkt bezieht sich auf die dominante Rolle des Unbewussten in der Psychoanalyse. Buber geht davon aus, dass jeder Mensch eine Bestimmung hat. Jedem Menschen soll geholfen werden zu diesem Wesen zu finden, „… zu werden, was er ist, und als so Werdender sich ein echtes Verhältnis zur Welt zu stiften… (ebd. S. 27). Dieses Werden braucht den Entschluss des Menschen. Um ihn stets aufs Neue, gegen den Widerstand des Alltagsbewusstseins und des Unbewussten fassen zu können, braucht der Mensch Unterstützung. Die Sammlung der

[15] Für Buber ist der Mensch gleichzeitig jemand, der ebenfalls dazu fähig ist, seine Schuld zu erhellen, das heißt, zur eigenen Schuld zu stehen und dazu beizutragen, die Folgen der Schuldhandlung zu überwinden (vgl. ausführlich, Schuld und Schuldgefühle 1958, S. 40ff).

Kräfte, die letztendlich zur Entscheidung führen, geschieht in einem Raum, den Buber das „Ich-mit-mir“[16] nennt (s. u. 3.4).

> Dieses Einswerden ist die Vorbedingung wirklicher Entscheidungen. Eine Entscheidung, die nur von einem Teil des Menschen getroffen wird, ist keine echte Entscheidung (Buber 1993a, S. 169).

Das Unbewusste als innerpsychische Größe, schließt nach Buber die Welt aus und sorgt sich nicht darum, dass das dialogische Wesen des Menschen gedeihen kann. Die Heilung, deren der Mensch bedarf, liegt für Buber im „Zwischen“, in seiner Beziehung zur Welt und den Menschen und nicht darin, Unbewusstes bewusst zu machen, wobei Unbewusstes von Buber als Raum des „Mein-in-mir“ gefasst wird.

> Als psychologischer Hilfsbegriff… ist das Unbewußte anzuerkennen; es prätendiert aber ungeheuer viel mehr, es will durch die Fiktion der „Welt in der Seele“, also einer Welt die mein-in-mir ist, die Möglichkeit des „Lebens der Seele mit der Welt“, also des jeweiligen Erscheinens einer Welt, die mein-mit-mir ist, verdecken (Schaeder (Hg), 1975, S. 118).

Heilung besteht für Buber nicht darin, Altes, also Unbewusstes heraufzuholen, sondern darin, ein positives Gegengewicht zu schaffen (vgl. Buber 1993a, S. 168). Dieser letzte Punkt leitet über zum zweiten Hauptkritikpunkt Bubers.

2.) Buber nimmt als gläubiger Mann Stellung. Für ihn ist Gott das „Ewige Du“, das nicht Es werden kann. Wie es ihm nicht um Schuldgefühle ging, so geht es ihm auch nicht um Gottesbilder, sondern um die lebendige Beziehung des Menschen zu einem wirklich existierenden Gott.

> Die Bezeichnung Gottes als einer Person ist unentbehrlich für jeden, der wie ich mit Gott kein Prinzip… und keine Idee meint,…; der vielmehr wie ich mit Gott den meint, der was immer er sonst noch sei – in schaffenden, offenbarenden, erlösenden Akten zu uns Menschen in eine unmittelbare Beziehung tritt und uns damit ermöglicht, zu ihm in eine unmittelbare Beziehung zu treten (Buber 1997, S. 134).

Buber spricht vom Gott Abrahams, Isaaks und Jakobs, dem Gott der Juden, der sich offenbart. Diese Offenbarung „…entströmt nicht dem Unbewußten: sie ist Herrschaft über das Unbewußte“ (ebd. S. 123).

Über Freud sagt Buber (1958), dass er „…die Bekämpfung aller metaphysischen und religiösen Lehren vom Sein eines Absoluten und von der Möglichkeit eines realen Verhältnisses der menschlichen Person zu ihm…“ (ebd. S. 13) als einen Grundbaustein seiner psychoanalytischen Theoriebildung ansieht. Buber (1993a) stellt fest:

> Die falsche Autonomie ist das absolute Leben des Menschen im Selbstgenügen, im Sich-befassen mit sich selbst (ebd. S. 122).

> Der Unterschied zwischen einer Welt mit Gott und ohne ihn ist so ungeheuer, dass die Diskussion über Gott trennend wirkt, außer in einer Gruppe, die durch echten gemeinsamen Glauben verbunden ist (Buber ebd. S. 169).

---

[16] Es scheint so, als ob hier das Modell des „Inneren Teams“ anklingt, das Friedemann Schulz von Thun entwickelt und ausführlich beschrieben hat (vgl. Schulz von Thun 2001 Bd. 3).

Buber rechnet die Psychoanalyse wie alle Wissenschaften dem Ich-Es zu. Als solche ist sie darauf gegründet, sich auf (natur)wissenschaftliche Regeln zu beziehen und nichts „...von jenseits der Wissenschaft in die wissenschaftliche Betrachtung [mit einzubeziehen]" (ebd. S. 119). Worauf Buber mit dem dialogischen Prinzip hinweisen möchte, ist jedoch die Wirklichkeit des Ich-Du, die sich jeglicher Methode entzieht. Solange Wissenschaft in der Anerkennung der Existenz dieser anderen Sphäre, mit der sie sich nur nicht beschäftigt, betrieben wird, erkennt Buber sie voll an. Wo jedoch geleugnet wird, dass es eine Grenze für die Wissenschaft gibt, da spart er nicht mit Kritik, denn

> ... alles wissenschaftliche und philosophische Denken zerreißt im Akt des Absehens nicht bloß die Ganzheit der konkreten Person, sondern es reißt auch Gott und Mensch auseinander (ebd. S. 118).

3.4 Der Weg des Menschen

Buber (2003) begnügt sich nicht mit der Kritik der psychoanalytischen Ansätze seiner Zeit, sondern entwickelt ein eigenes „Heilungsmodell". Die Psychoanalyse negiert einen persönlichen Bezug zum Göttlichen und müht sich darum, „hinter" das aktuelle Geschehen ihrer Klienten zu schauen. Aktuelle Probleme werden als psychische Phänomene, die in der Vergangenheit entstanden sind identifiziert, bewusst gemacht und überwunden, indem es „so *nicht* mehr sein soll". Buber geht von dem konkreten Zustand eines Menschen aus, der in sechs Schritten die Kraft für eine Entscheidung des „so soll es sein" sammelt und diese Entscheidung im konkreten Alltag umsetzt. Der Einfluss des Chassidismus[17], der geistigen Heimat Bubers, ist in diesem Heilsweg deutlich spürbar.

Auf den ersten Blick mag es den Leser erstaunen, dass die ersten vier von insgesamt sechs Schritten sich auf das Selbstwissen eines Menschen beziehen. Danach gefragt, wo der Kampf gegen das Böse[18] zu beginnen habe, antwortet Buber: „Der Kampf muss in der eigenen Seele ansetzen – alles andere kann sich erst von da aus ergeben" (1986, S. 8). Hier hat die Auseinandersetzung mit psychologischen Erkenntnissen, die Licht auf individuelle Eigenheiten werfen, ihren Platz. Buber wird aber nicht müde, sein eigentliches Anliegen immer wieder in den Blick zu nehmen. Er bleibt auch in dieser Aussage seinem Anliegen treu. Er möchte, dass der Mensch durch die Einung seiner inneren Kräfte zu seinem verschütteten Vertrauen zurückfinden kann; denn erst der vertrauende Mensch kann ein dialogischer Mensch werden.

> Der Mensch in der Krisis, das ist der Mensch, der seine Sache nicht mehr dem Gespräch anvertraut, weil ihm dessen Voraussetzung, das Vertrauen, verlorengegangen ist (Buber 1993a, S. 226).

---

[17] Der Chassidismus ist eine mystische Reformbewegung des Judentums, die im 18. Jhd. in Osteuropa ihre Blüte hatte und als Buber sie kennen lernte schon am Zerfallen war. Der Chassidismus verstand sich als Erneuerungsbewegung, die Menschen zum Leben in Gemeinschaft ermutigte (vgl. Faber, 1962, S. 34).

[18] In Bilder von Gut und Böse (vgl. ausführlich 1986b, S. 51ff) erörtert Buber die anthropologischen Wurzeln von Gut (auf eine Richtung hin leben) und Böse (richtungsloses hierhin und dorthin Schwanken). Das Böse entsteht in zwei Phasen: Erstens aus der Entscheidungslosigkeit, in die ein Mensch passiv hineingleitet, indem er das als gut Erkannte nicht tut und zweitens aus der von ihm aktiv für das Böse getroffenen Entscheidung. Statt durch Einung aller Kräfte der Seele dem Leben seine Richtung zu geben und ihr zu folgen, flüchtet der Mensch vor dem Wirbel der vielen Möglichkeiten, die sich seiner Seele ständig darbieten in ruhelose Aktivität. Nach gewisser Zeit ergibt er sich in den durch Richtungslosigkeit entstandenen Zustand, indem er sich mit einem „so bin ich eben" zufrieden gibt, ohne weiter danach zu fragen, wozu er in seiner Einmaligkeit auf der Welt ist. Buber vergleicht diese Haltung mit dem Gefrieren eines fließen wollenden Wassers.

Am Beginn des Weges steht die Selbstbesinnung. Mit der Frage: „Wo bist du?“ stellt sich ein Mensch der Verantwortung, Rechenschaft über seinen gegenwärtigen Zustand zu geben. Damit beendet er das Versteckspiel, das durchaus mit psychologischen Termini beschrieben werden kann. Seine Antwort gilt niemand geringem als Gott selber, der in den Anfangstagen der Schöpfung einst Adam diese Frage stellte[19] und sie seither durch die Zeiten an seine Geschöpfe wiederholt. Dieser Sichtweise liegt das Verständnis zugrunde, dass Gott dem Menschen fragend den Zugang zu (s) einem Weg ermöglichen will. Buber mahnt, sich beim Nachdenken über die eigene Antwort weder in Selbstquälerei zu verstricken noch auf Stimmen zu hören, die ebenfalls fragen: „Wo bist du?“, nur um sogleich entmutigend fortzufahren, dass es von dort, wo ein Mensch ist, keinen Weg hinaus gibt.

Im zweiten Schritt geht es darum, den eigenen Weg zu finden. Den Tod in Gedanken vorwegnehmend, vernimmt ein Mensch erneut die Stimme Gottes, die ihn in der kommenden Welt fragt: „Warum bist du nicht *du* gewesen?“ Die Frage erlaubt die Annahme, dass es so viele Zugänge zu Gott gibt, wie es Menschen gibt. Die Aufgabe der Menschen besteht nicht darin, sich mit anderen zu vergleichen und sich darum zu mühen, ihren Vorbildern ähnlicher zu werden. Sie sollen das tun, was außer ihnen kein anderer Mensch tun kann. Um herauszufinden, was dies sei, soll sich der Mensch auf den zentralen Wunsch, auf „das in ihm, was sein Innerstes bewegt“ (Buber 2003, S. 18) konzentrieren. Die Antwort auf die Fragen: „Was willst du wirklich? Wonach sehnst du dich am meisten?“ weist in die Richtung des zu Tuenden. Aus diesen knappen Worten geht hervor, dass der „eigene Weg“ keine ethische Kategorie ist, sondern (durchaus ethisch sich ausdrückende) Antwort des Einzelnen.

Der dritte Schritt ermöglicht Entschlossenheit. Buber geht davon aus, dass die auseinanderstrebenden und gegeneinander streitenden Kräfte geeint werden müssen, wenn das besondere Werk, das Menschen beginnen, gelingen soll. Diese Einung steht vor der Entscheidung zu einer Tat, denn sie gelingt während eines halbherzig begonnenen Projektes nicht mehr. Einung ist nicht ein einmaliges Ereignis, sondern ein Prozess des fortwährenden Übens.

> Es ist ein grausames Wagnis, dieses Ganzwerden, Gestaltwerden, Kristallwerden der Seele. Es muß ja alles überwunden werden, was an Neigungen, an Bequemlichkeiten, an Liebhaberei der Möglichkeiten sich in uns breitgemacht hat, und überwunden werden muß es nicht durch Ausschaltung, durch Niederwerfung, denn nie ist so die echte Ganzheit zu erreichen, wo keine niedergetretenen Lüste mehr in den Ecken lauern. Es müssen all diese bewegten oder festgelegten Kräfte, vom Schwung der Seele ergriffen, sich gleichsam aus freien Stücken in die Mächtigkeit der Entscheidung stürzen und in ihr aufgehen (Buber 1986b, S. 62).

[19] Vgl. die biblische Überlieferung im Buch Genesis, Kap. 3, 10.

Seele, das macht Buber noch einmal unmissverständlich klar, ist für ihn der ganze Mensch mit Leib und Geist.
Im vierten Schritt hat sich der Mensch mit dem „wahren Ursprung des Konflikts zwischen den Menschen“ (Buber 2003, S. 27) auseinanderzusetzen. Wie der psychoanalytische Ansatz, so verweist auch die chassidische Lehre von der äußeren Problematik auf eine innere. Aber sie erklärt nicht ein Teilelement zum Zentrum der Betrachtung (wie Freud den Sexualtrieb des Menschen), von dem alles andere abgeleitet werden kann, sondern setzt von allen Punkten her an und schafft Zusammenhänge. Der Mensch soll erkennen, dass der Konflikt mit den Mitmenschen ein Konflikt der eigenen Seele ist und dass er aufgefordert ist, diesen zu überwinden. Nach der chassidische Lehre ist es unzulässig, von sich selber abzulenken und sich nach dem Motto: „Erst wenn der andere bereit ist sich zu ändern, dann bin ich es auch“ herauszureden. Der Chassidismus lehrt die Verantwortung des Einzelnen für seine eigene Wandlung. Der Mensch, der seine *eigene* Änderung zulässt, bewirkt eine Änderung in der Welt[20]. Um nichts anderes, als um dieses „bei sich beginnen“ hat sich der Mensch im vierten Schritt zu kümmern. Dabei steht die Gewohnheit ihm widerständig entgegen und will ihn von der Erkenntnis abhalten, dass es auf ihn und seinen Willen, sich ändern zu wollen ankommt.
Der fünfte Schritt bringt die Hinwendung zur Welt mit sich. Alle Selbstbesinnung, entschlossene Einung und Erkenntnis der ersten vier Schritte sind nur ein Anfang.

> Bei sich selbst beginnen, aber nicht bei sich enden; von sich ausgehen, aber nicht auf sich abzielen; sich erfassen, aber sich nicht mit sich befassen (ebd. S. 33).

Es geht nun um die Umkehr des Menschen, der seine Seelenkraft dazu nutzen soll, „...den Weg zur Erfüllung der besonderen Aufgabe, für die Gott ihn, diesen besonderen Menschen, bestimmt hat“ (ebd. S. 34) zu nutzen, statt endlos über sich selber nachzugrübeln. Die Erde soll nach Bubers Auslegung des Chassidismus durch die Taten der Menschen zum Reich Gottes werden. Die Aufgabe des Menschen, der die ersten vier Schritte gegangen ist, besteht darin, anderen nicht *ihren* Weg zu neiden, sondern den *eigenen* unter die Füße zu nehmen; in Respekt den Weg des *anderen* zu ehren und das eigene Tun nicht dazu zu gebrauchen, sich selber zum Ziel zu haben. Hier ist die Richtung des Menschen beschrieben, die sowohl im Sinne der Individua-

[20] Es wäre interessant, von hier aus einen Blick in die systemischen Therapieansätze zu werfen und zu erforschen, was Buber ihnen entgegnen würde, was aber den Rahmen der vorliegenden Arbeit sprengen würde.

tion (die Person werden, die mit mir gemeint ist) als auch des auf Gott ausgerichteten Lebens zu verstehen ist.

Das wahre Leben, so die Erkenntnis des letzten Schrittes, ist dort zu finden, wo ein Mensch lebt und arbeitet. Die Menschen, denen gegenüber eine dialogische Haltung zu üben ist, sind die, die um mich herum sind. Die Bewährung der Selbstkenntnis in den Schritten 1 - 4 geschieht im jeweiligen Alltag, nicht an besonderen Orten des Daseins oder in zeitlichen Ausnahmesituationen. Gott will in seine Welt und zu seinen Menschen kommen – und er braucht dazu den Menschen. Wer heiligen Umgang mit den Situationen und Menschen seines Alltags übt, schafft einen Platz für Gott, der bereit ist dort zu wohnen, wo man ihn einlässt. Dieser Bestimmung des Menschen kann in vielfacher Weise nachgekommen werden.

> Ohne die Bewährung, und das heißt ohne das Einschlagen und Einhalten der einen Richtung, soviel er vermag, quantum satis, gibt es für den Menschen wohl, was er das Leben nennt, auch das Leben der Seele, auch das Leben des Geistes, in allen Freiheiten und Fruchtbarkeiten, allen Graden und Rängen – Existenz gibt es für ihn ohne sie nicht (Buber 1986b, S. 75).

Durch das schnell überlesene Wort „quantum satis“ enthebt Buber seine Dialogphilosophie jeglicher Idealisierung und bindet sie an das jeweilige Vermögen eines Menschen, der durch Üben der Dialogwirklichkeit weitere Schritte auf seinem Lebensweg gehen kann, ohne dabei überfordert außer Atem geraten zu müssen. Jederzeit kann er mit der Anfangsfrage des „Wo bist du gerade?“ auf ihm fortschreiten.

4 Gemeinsam handeln: Wurzeln schlagen in der Fremde

Kapitel 2 und 3 lieferten Grundlagen aus Psychologie und Philosophie, die in Kapitel 5 einen spezifischen Blick auf den Anwendungsbereich der „Interkulturellen Gärten" ermöglichen werden. Zuvor erfolgt die Darstellung des noch jungen Integrationsprojektes, das aus der sozialpädagogischen Praxis heraus entwickelt wurde und von der Stiftung Interkultur[21] wissenschaftlich begleitet wird.

Christa Müller (2002) berichtet von der Entstehung der Internationalen Gärten[22] in Göttingen im Jahre 1996. Bosnische Flüchtlingsfrauen, die damals im fremden Deutschland auf das Ende des Krieges und damit auf die Rückkehr ins eigene Land warten, treffen sich regelmäßig in einem Frauencafé, wo eine Sozialarbeiterin ihnen Tee, Bastelarbeiten und Gespräch anbietet. Eine aufmerksame Frage, mit der sie sich den Frauen zuwendet, wird zur Geburtsstunde einer gemeinsamen Arbeit, die weit über sich hinaus weisen wird. „Was vermisst ihr am meisten?" lautet die offene Frage und die Antwort heißt: „Unsere Gärten".

Die meisten bosnischen Frauen sind inzwischen in ihre Heimat zurückgekehrt, die Arbeit in den Internationalen Gärten, die aus dem Gespräch entstanden ist, geht jedoch weiter. Der deutsch-äthiopische Agraringenieur, Tassew Shimeles, koordiniert das inzwischen 5 Gärten umfassende Projekt und erarbeitete ein Konzept, das fortlaufend mit den Gärtnern und Gärtnerinnen weiterentwickelt wird.

Bevor auf Theorie und Praxis der Interkulturellen Gärten näher eingegangen wird, wird die Situation von Asylbewerbern und -bewerberinnen in Deutschland skizziert und die Prämisse umrissen, die sozialer Arbeit mit Flüchtlingen oft zugrunde liegt.

4.1 Soziale Arbeit für Flüchtlinge

Kommen Menschen mit Migrationshintergrund als Adressaten und Adressatinnen sozialer Arbeit ins Blickfeld, so in der Einleitung des Handbuches für Soziale Arbeit mit Flüchtlingen (Fritz und Groner (Hg.), 2004), stehen Sozialarbeiter und Sozialpädagoginnen vor großen Herausforderungen. Sie sehen sich Menschen gegenüber, die „... einen Rucksack komplexer Probleme mit sich herum[tragen], der ihren

[21] Die Stiftung wurde 2003 gegründet und sieht ihre Aufgabe darin, die Entstehung Interkultureller Gärten zu fördern, sie miteinander zu vernetzen und forschend zu begleiten.

[22] Die Bezeichnung „Internationale Gärten" ist der Eigenname für die Gärten in Göttingen, während unter „Interkulturelle Gärten" der übergeordnete Begriff für die verschiedenen Formen des interkulturellen Gärtnerns zu verstehen ist (s. u. 4.3).

Rücken schmerzen lässt, ihren Kopf und ihr Herz blockiert und ihre Ressourcen lähmt" (ebd. S. VI). Flüchtlinge werden als Menschen wahrgenommen, die von „multikausalen Elend" (ebd.) betroffen und somit auf die Hilfe der Einheimischen angewiesen sind. Diese fühlen sich jedoch oft überfordert. Wer mit Flüchtlingen arbeitet, so das Fazit der Stiftungshochschule, betreibt eine Querschnittsaufgabe, in der alle Kompetenzen aus den klassischen Arbeitsfeldern der Sozialen Arbeit wie Erwachsenenbildung, Jugendarbeit und Resozialisierung gefragt sind und die zusätzlich spezielle Kompetenzen wie beispielsweise Erfahrung im Umgang mit Traumata und Rechtsfragen erfordert.

Der Sozialpädagoge Florian Fritz (2004), der in München Leiter für Flüchtlingsunterkünfte ist, führt einige Problemfelder aus dem Alltag von Flüchtlingen auf, die auf die Bearbeitung ihrer Asylanträge warten (ebd. S. 82ff):

- Das *Sachleistungsprinzip* ist häufiger Anlass für Depressionen und Aggressionen, da die zugeteilten Lebensmittelpakete die Möglichkeit des Einkaufens und Kochens verhindern, woraus Einsamkeit und Untätigkeit resultieren.
- *Kriegs- und Fluchttraumata*, die den Hintergrund vieler Biografien bilden sind zwar bekannt, können aber nicht aufgearbeitet werden.
- Innerhalb der Familien entstehen *Generationsproblem*e, wenn beispielsweise die Eltern auf die Übersetzungshilfe der Kinder angewiesen sind, die schneller als sie Deutsch lernen. Der Wissens- und Erfahrungsvorsprung der Älteren, auf den sich traditionell die Gehorsamspflicht der Jüngeren gründet, wird damit außer Kraft gesetzt.
- Die aus der Übersetzung resultierenden *Missverständnisse* erschweren die Kommunikation.
- Flüchtlinge fühlen sich den *mächtigen Sozialarbeitern* ausgeliefert, von deren Fürsprache bei den Behörden die Gewährung von Anträgen abhängen kann.
- Innerhalb der Familien kommt es häufig zu *Gewalt gegenüber Frauen und Kindern*, da geschlechtsspezifische Rollenzuweisungen der Herkunftsländer mit der Arbeitslosigkeit der Väter ins Ungleichgewicht geraten.
- *Ethnische Konflikte* innerhalb der verschiedenen Gruppen von Flüchtlingen, die aus dem verordneten Leben in Gemeinschaftsunterkünften resultieren, bilden einen weiteren Faktor für Gewalt.

Wenn nach oft jahrelanger Wartezeit das Asylverfahren beendet wird und dies für einen kleinen Teil der AntragstellerInnen die Anerkennung des Bleiberechtes bedeutet, lösen sich die genannten Probleme nicht einfach auf. Soziale Arbeit hat deshalb, so Fritz, die Doppelaufgabe, den Schwerpunkt auf integrative Maßnahmen zu lenken und depressiven Mechanismen entgegenzuwirken, worunter er versteht, Klienten zu stärken, die „... durch jahrelanges Warten und jahrelange Unsicherheit apathisiert und ein Stück weit 'zukunftsunfähig' gemacht worden sind“ (ebd. S. 87).
Das Bild von Wissenden und Unwissenden, Sicheren und Unsicheren, Experten und Klienten, Helfern und Hilflosen, das hier gezeichnet wird, stellt die Arbeit mit Flüchtlingen trotz der differenzierten und teilweise selbstkritischen Sichtweise auf die Grundlage eines starken Gefälles von „wir“ und „ihr“, von „innen“ und „außen“. So sehr es stimmt, dass Menschen, die mit den allgemein anerkannten Spielregeln einer Kultur nicht vertraut sind, auf das Entgegenkommen der „Eingeweihten“ angewiesen sind, bedenkt Fritz in seinem Artikel nicht, dass Integrationshilfe auf diesem Hintergrund klarer Grenzziehung praktisch oft entmündigend wirkt und Hilfe zur Assimilation leistet, weil der Aspekt der Gegenseitigkeit darin keinen angemessenen Platz hat. Genau an diesem Punkt unterscheiden sich die Interkulturellen Gärten in ihrem Selbstverständnis wesentlich. In einem Gespräch[23] mit dem deutsch-äthiopischen Koordinator Tassew Shimeles, Fr. Abid (Irak) und Fr. Alidousti (Iran) betonen alle drei, dass sich die Internationalen Gärten als Organisation einer Selbsthilfeinitiative verstehen, die

- auf der Gegenseitigkeit ihrer Mitglieder aufbaut, zu denen auch Deutsche zählen
- den Garten als öffentlichen Versammlungsraum versteht und damit einem Verständnis der Gartenidylle als Rückzug ins Private, wie z.B. in Schrebergärten üblich, widerspricht (s. u. 4.5.1).

Im folgenden Kapitel werden theoretische Grundlagen für ein alternatives Konzept von Integration vorgestellt, das der Arbeit in den Interkulturellen Gärten zugrunde liegt. Weiter wird der Frage nachgegangen, welche Rolle die Grenze zwischen Herkunftsländern und Ankunftsland in den Biografien der Zugewanderten spielt.

[23] Das Gespräch fand am 15. 09. 2004 in Göttingen statt.

4.2 Das Integrationsverständnis im Konzept der Interkulturellen Gärten

Karin Werner und Christa Müller (vgl. 2004), beide Soziologinnen und Mitarbeiterinnen der Stiftung Interkultur befassen sich mit den Begriffen: Gesellschaft, Kultur, Integration und Identität. Sie stellen unterschiedliche Vorstellungen und Bedeutungen vor, die erst neuerdings im Wandel begriffen sind. Wie schon Mario Erdheim (s. o. 2.3) ausführte, so bestätigen auch Werner und Müller, dass der Begriff „Gesellschaft“ fast ausschließlich synonym im Sinne einer nationalstaatlicher Zugehörigkeit gebraucht wird. Das „Eigene“, als homogene Einheit gedacht, steht dem „Fremden“ gegenüber, das die kollektive, nationale Identität durch seine bloße Anwesenheit bedroht und dadurch gleichzeitig zusammenhält. Die Grenze zwischen beiden ist demzufolge eine Kampfzone, in der das „Eigene“ verteidigt wird (s. o. 2.4.2). Dieser Gesellschaftsbegriff, einschließlich des darin enthaltenen Kulturbegriffes, so Werner und Müller, werden zunehmend fragwürdig. Sie resultieren aus ethnologischer Forschung, die sich auf traditionelle Gemeinschaften bezieht, deren Kennzeichen territoriale Überschaubarkeit und normativ klar gezogene Grenzsetzung sind. Beide Kriterien, einschließlich der impliziten praktischen Verhaltensweisen der Menschen innerhalb dieser Kleingruppengesellschaften (vgl. ausführlich Sundermeier, 1988), stimmen mit den Realitäten (post)moderner Gesellschaften nicht mehr überein. In ihnen werden - durch die Globalisierung vorangetrieben – bisher gültige normative und ökonomische Grenzen durchlässig und befinden sich der Tendenz nach in Auflösung. Die zunehmende Technisierung der Kommunikationsmittel ermöglicht zudem Nahkontakte zu Menschen, die geografisch sehr weit voneinander entfernt leben[24]. Diese bedeutenden Veränderungen, die das Alltagsverhalten der Menschen bestimmen, verlangen eine Neubewertung der Grenzen und damit einhergehend der Begriffe “Eigenes“, „Fremdes“ und „Identität“ samt ihrer Herstellung.

Werner und Müller weisen zusammenfassend darauf hin, dass es in der Migrationsforschung nicht mehr um die Fragestellung gehen kann, warum wer von hier nach dort wandert, und was dies für den Menschen selbst und den Ort, den er verlässt bzw. an dem er ankommt bedeutet. Es muss zunehmend in den Blick kommen, dass sich „hier und dort“ überschneiden und so transnationale Grenzräume entstehen. An der Grenze von hier und dort, wo sich die für selbstverständlich gehaltenen und

[24] Ob es sich bei dieser Art der Kommunikation um Beziehungen handelt, wäre eine lohnende Fragestellung, der aber hier nicht nachgegangen werden kann.

deshalb oft unreflektierten Verhaltensweisen des Herkunftslandes mit den üblichen Verhaltensweisen im Ankunftsland reiben, entsteht ein Möglichkeitsraum für Neues. Werner und Müller zitieren die Soziologin Julia Reuter, die dazu aufruft, Misstrauen gegenüber vertrauten Ordnungen zu entwickeln, die eigene Relativität zu akzeptieren, die Illusion der Homogenität aufzugeben und die tatsächlich existierenden Differenzen in den Blick zu nehmen. Wenn die eigene mächtige Position zusammenstürzt, so Reuters Folgerung, kann dem Fremden ohne Angst und ohne Verlangen nach Gewalt begegnet werden, weil die eigene Identität nicht mehr gegen ihn verteidigt werden muss.

Reuter scheint die Kräfte zu unterschätzen, die Menschen, die ihre Identität bedroht sehen, zum Rückgriff auf ihre monolithischen Identitätskonstruktionen bewegen, selbst dann, wenn sie aktiv an deren Auflösung mitarbeiten wollen (s. o. 2.4.3). Auch ist zu bedenken, dass Menschen mit Migrationshintergrund in ihren Herkunftsländern oft noch in Zusammenhängen gelebt haben, die mit der als überholt erklärten ethnologischen Sichtweise beschrieben werden können (s. u. 5.1.3).

Ein Integrationsverständnis, das nicht Assimilation meint, und damit das monolithische Selbst- und Fremdbild überwindet, gründet sich nach Werner und Müller theoretisch auf der „Artikulation intra- und interkultureller Komplexität" (2004, S. 5). Identität bezieht sich nicht mehr auf das ganze Subjekt, sondern auf die Vorstellung von vielfältigen Subjektpositionen. Das Individuum verfügt nach dieser postmodernen Theorie nicht mehr über eine gesicherte und dauerhafte Identität, sondern nimmt zu verschiedenen Zeiten verschiedene Identitäten an. Dadurch, dass diese Teilidentitäten sich miteinander verbinden, entsteht plurale Gesellschaft, die einem ständigen Wandel unterliegt. Sie kann nicht „von oben" verordnet werden, sondern muss von Menschen gewollt werden, die ihr durch konkretes Tun Ausdruck verleihen.

Ungeachtet dieser Theorien, so Tassew Shimeles, verstehen sich die Interkulturellen Gärten als praxisorientierten Experimentierrahmen für die Einübung von Pluralität, der sowohl Menschen mit unterschiedlichen Migrationshintergründen als auch Deutsche ohne Migrationshintergrund umfasst. Gemeinsamkeiten sollen entdeckt werden dürfen. Theorie und Praxis reiben sich aneinander (s. u. 5.3).

Müller (vgl. 2002, S. 34ff) beschreibt die biografische Vergangenheit der GärtnerInnen als Ausgangspunkt, von dem aus Übergänge zum Leben im Ankunftsland geschaffen werden[25]. Im Integrationsansatz der Interkulturellen Gärten geht es

> … um den sozialen Raum zwischen Herkunft und Ankunft. Auswanderung ist in diesem Verständnis kein einmaliger Ortswechsel, sondern ein Kontinuum, in dem beide Realitäten der MigrantInnen Raum finden (ebd. S. 40).

Das Integrationsverständnis der Interkulturellen Gärten hat sich aus der Praxis heraus entwickelt. Es berücksichtigt, dass viele Migranten und Migrantinnen in Agrargesellschaften sozialisiert sind und ihre Biografien dementsprechend nicht - wie in Deutschland üblich - an Erwerbsarbeit gebunden sind. Die praktische Bodenbearbeitung, verbunden mit dem Erwirtschaften von Nahrungsmitteln zur Eigenversorgung knüpft an bekannte Vergemeinschaftungsformen und der gewohnten Subsistenzwirtschaft, sowie an den Kompetenzen der Migranten und Migrantinnen an. Deren Erfahrungswissen, emotionale und soziale Kompetenzen und der Wunsch, sich erneut in der Fremde zu verorten, werden als Schätze betrachtet, die eingebracht werden können. Zuwanderer und Zuwanderinnen sind von Anfang an gleichberechtigte Gegenüber.

Die Gärten bieten den Rahmen für die Einzelnen, ihr Wissen anzuwenden. Während der praktischen Umsetzung stoßen sie dabei jeweils auf die Interaktion mit den Ressourcen anderer, die ebenfalls mit *ihrem* Wissen im Garten arbeiten. Die Störung der gewohnten Handlungspraxis, führt zur Reflexion der eigenen Ressourcen, aus der Veränderung des eigenen Handelns folgt. In diesem Zirkel, in dem eigenes Vorwissen auf das Vorwissen anderer trifft und sich dadurch verändert, wandeln sich auch die Akteure. Das statische „nur so ist es richtig“ wird zugunsten eines dynamischen „es geht auch anders“ verflüssigt. Aus der starren Selbstdefinition „so bin ich!“ erwächst die neue Sicht des „Ich werde“.

> Die hier vollzogene Bewegung ist also eine doppelte: Zum einen sind bei den beteiligten Akteuren Prozesse des Bewahrens und der Abgrenzung ihrer eigenen kulturellen Identität zu beobachten. Andererseits geht damit eine Verortung dieser eigenen kulturellen Position in einer stets erweiterten interkulturellen 'Landkarte' einher. Es scheint, dass genau diese Dialektik… einen höchst effektiven Lernmechanismus von Selbst- und Weltaneignung in Gang setzt (Werner und Müller, 2004, S. 6f).

[25] Es fällt auf, dass im Folgenden einseitig von der Position der Migranten und Migrantinnen her argumentiert wird. Für Deutsche ohne Migrationshintergrund könnte beispielsweise formuliert werden, dass auch ihre Vergangenheit gültig bleibt, ihnen durch die Begegnung mit MigrantInnen jedoch ein Kennenlernen der „Welt der Anderen“ ermöglicht wird, das alte Grenzziehungen in Bewegung bringt.

Dabei stehen nicht Minderheiten mit ihrem speziellen Wissen einer Mehrheit gegenüber, sondern einzelne Menschen, die der Wunsch verbindet, sich neu zu beheimaten, tauschen sich aus, ohne sich dabei einseitig an „deutschen“ Normen und Werten zu orientieren oder messen lassen zu müssen. Die praktische Arbeit auf dem eigenen Stück Land, in die jede und jeder das vorhandene Wissen einbringen kann, ermöglicht einen individuellen Weg der Annäherung und stärkt das Selbstvertrauen. Die Arbeit auf dem Gemeinschaftsland führt zu Begegnungen. Vertrauen zueinander kann sich langsam entwickeln und allmählich stärker werden als die Angst voreinander. Migration bleibt als Hintergrund der Menschen gültig, Flucht und Vertreibung werden jedoch als Erfahrungen von Verlust und Abbruch mit dem Wunsch nach Lebensgestaltung in Deutschland verbunden. Vergangenes und Zukünftiges treffen sich in der Gegenwart des Gartens.

Müller (2002) macht deutlich, dass Souveränität eine Voraussetzung für das Integrationsverständnis der Interkulturellen Gärten ist. Durch die oben beschriebenen Aktivitäten erleben sich Migranten und Migrantinnen in den Gärten als Menschen, die etwas einzubringen haben, was in Deutschland wichtig ist, seien es Kenntnisse über biologischen Gartenbau, interkulturelle Aktivitäten, Gastlichkeit oder eine selbst konzipierte Bildungsarbeit.

Frau Abid, eine der Mitbegründerinnen der Internationalen Gärten Göttingen, meint:

> Ich möchte gerne, dass diese Gesellschaft sich öffnet, dann wird der Weg für uns leichter. Was ich als Frau aus Orient in diese Gesellschaft einbringen kann, das ist Moral und dann auch Menschlichkeit und Toleranz. Diese drei Dinge finde ich sehr wichtig in dieser Gesellschaft, dass der Mensch nicht als Gerät behandelt wird, sondern als Mensch aus Blut und Fleisch (zit. nach Werner und Müller, 2004, S. 5).

Zusammenfassend kann festgehalten werden: 1. Integration im Sinne der Interkulturellen Gärten, basiert theoretisch auf einer „unruhigen, die eigenen kulturellen Selbstsicherheiten in Frage stellenden Praxis des 'Dazwischen'“ (Feridun Zaimoglu, zit. nach Werner und Müller, 2004, S. 8) und ist eine Mischung aus Herausforderung, Zumutung und Gewinn. 2. Die Grenze zwischen Eigenem und Fremden verwandelt sich von der Kampfzone in einen Möglichkeitsraum. 3. Die als homogen gedachte Mehrheitsgesellschaft, die mit ihren Minderheiten umgeht, verwandelt sich in die für alle Beteiligten neue Wirklichkeit einer Migrationsgesellschaft, in der Menschen einander helfen, das eigene Leben mit seiner biografischen Vergangenheit neu zu verorten.

Da das Integrationsverständnis stark an der Verschiedenheit der Menschen und ihrer „Innensicht“ orientiert ist, ist zu erwarten, dass es sich bei dem Konzept der Interkulturellen Gärten um das Abstecken eines Rahmens handelt. Seinem Wesen nach kann ihm keine minutiös durchgeplante und methodisch aufbereitete Didaktik zugrunde liegen, die überall in gleicher Weise zur Anwendung gebracht werden könnte. Das nächste Kapitel bestätigt diese Vermutung und gibt einen Eindruck von der Vielfalt der Erscheinungsformen Interkultureller Gärten.

4.3 Beispiele für die Vielfalt Interkultureller Gärten

- Die *Internationalen Gärten in Göttingen* bilden Ursprungszelle und Vorbild, von dem Ermutigung für die oft mühsame Anfangsphase des Aufbaus eines Interkulturellen Gartens ausgeht. Besonders herausgehoben werden muss in Göttingen die vielseitige Vernetzung des Projektes mit Institutionen und Einwohnern der Stadt und der rege internationale Austausch in den Gärten (vgl. Müller, 2002, S. 22ff). Inzwischen gibt es über das gesamte Bundesgebiet verteilt 21 Gartenprojekte, 5 davon allein in Göttingen, weitere 20 befinden sich in der Aufbauphase (vgl. Müller 2004, S. 103ff). Ein Überblick im Internet (www.stiftung-interkultur.de) zeigt, dass die Initiatoren der Projekte so unterschiedlich sind, wie die Schwerpunkte, die sich jeweils vor Ort entwickeln und den Gärten ihr eigenes Gesicht verleihen.
- Die *„Bunten Gärten Leipzig"* entstanden auf private Initiative von Anke-Maria Kops-Horn[26], die bei einem Aufenthalt in den USA auf das Prinzip der ehrenamtlichen Arbeit traf, danach mit ihrer Familie vom Westen in den Osten Deutschlands zog, und dort die Lebensbedingungen von AsylbewerberInnen in Leipzig kennen lernte. Bei Besuchen in den Sammelunterkünften sieht sie, dass viele Menschen ohne Arbeitserlaubnis in verordneter Untätigkeit leben und sich die stetige Sorge um das Bleiberecht mit dem Gefühl verbindet, nicht erwünscht zu sein. Frau Kops-Horn wird daraufhin aktiv, denn sie ist überzeugt davon, dass es ein „Recht auf menschenwürdiges Dasein" (www.bunte-gaerten.de) gibt, unabhängig davon, ob Asylanträge positiv beschieden oder abgelehnt werden. Die professionelle Gärtnerin pachtet 1ha Land von der Stadt Leipzig und teilt sich Grundstück und Kosten des ehemaligen Gärtnereigeländes mit dem Berufsförderungswerk Leipzig. Nach und nach entwickelt sich das Profil der Bunten Gärten, in denen es inzwischen viele Angebote gibt: Einen Raum für Sprachförderungskurse, Alphabetisierungsprogramme und Hausaufgabenhilfe, eine Leihbibliothek, die durch gespendete Kinderbücher möglich wurde und einen Raum mit Nähmaschine, in dem ein Schneider aus Aserbadjan Kinderkleidung anfertigt, die zusammen mit Obst und Gemüse aus dem Garten auf dem Leipziger Wochenmarkt verkauft wird. Die Kinder der Flüchtlingsfamilien haben ihr eigenes Reich in einem für sie ausgestatteten

[26] Die Gründerin der „Bunten Gärten" gab die folgenden Informationen auf Nachfrage bei einer Exkursion der FH Bielefeld in Kooperation mit der Stiftung Interkultur im Juli 2004 nach Leipzig und Dessau.

Bauwagen erhalten, außerdem wurde mit Kleintierhaltung begonnen. Regelmäßige Angebote wie Zirkus- und Theaterbesuche zu moderaten Preisen, ermöglichen den Kindern die Teilnahme an sonst unerschwinglichen Lebensbereichen kultureller, deutscher Wirklichkeit. Die Bunten Gärten Leipzig wurden wie die Göttinger Gärten bisher jährlich durch verschiedene Preise ausgezeichnet.

- In *Dessau* entsteht ein Interkultureller Garten unter dem Motto: „Gärten als Lernorte". Auf dem Gartengrundstück des Interkulturellen Zentrums, das nicht größer ist, als das eines Privathauses, gibt es Beete für die Kontinente der Welt, auf denen bisher Menschen aus Europa, Asien und Afrika ihre Samen aussäen. Die Leiterin, Sharifa Minhel[27] berichtet von dem Plan, eine niedrige Mauer um das Grundstück zu ziehen, die mit Symbolen aus christlicher und muslimischer Glaubenstradition versehen werden soll. So entsteht ein Paradiesgarten, der interreligiöses Lernen anregen soll.
- In *Potsdam* wurde auf Initiative des Brandenburgischen Kulturbundes ein 3000 Quadratmeter großer Schulgarten eingerichtet. 10 Spätaussiedler-Familien erhielten dort ihr eigenes Stück Gartenland. Das Besondere ist hier, dass die Deutsch lernenden Aussiedlerfamilien zugleich Lehrende sind. Sie bringen den Grundschulkindern säen, pflanzen, wässern, ernten und allgemeine Gartenpflege bei und führen sie in die Zusammenhänge von Weizen und Brot ein.
- In *Kassel* bewirtschaften ausschließlich unverheiratete und verwitwete Frauen aus Afghanistan und aus dem Iran ein 1000 Quadratmeter umfassendes Stück Land. Jede hat ihre eigene Parzelle und auf dem gemeinsamen Land stehen Obstbäume und Beerensträucher. Der biologische Anbau, der hier betrieben wird, stößt auf das Unverständnis der Gärtnerinnen (vgl. www.stiftung-interkultur.de), da die deutschen Gartennachbarn von Pestiziden Gebrauch machen. Fortbildungskurse über die Notwendigkeit von biologischem Gartenbau sind deshalb in Planung.
- In *Bremen* wird als Ferienangebot für Kinder und Mütter ein Gartenerkundungsprogramm in türkischer, englischer und deutscher Sprache erarbeitet.

---

[27] Die Information erhielt ich ebenfalls mdl. auf der o.g. Exkursion 2004.

- Die *„Münchener Gärten der Kulturen"* sind offen für alle, wenden sich aber als besondere Zielgruppe an unbegleitete jugendliche Flüchtlinge. Sozialarbeiterische Unterstützung wird, falls nötig, außerhalb der Gärten geleistet. Der Auskunft im Internet zufolge, betrachten es die Initiatoren als Illusion, davon auszugehen, dass Toleranz die Grundhaltung bei Flüchtlingen sei und deshalb ein gemeinsames Arbeiten in den Gärten von selber gut läuft. War doch der „Andere" im Herkunftsland der Feind, dessentwillen man fliehen musste. Eine klare Koordination des Projektes wird deshalb für erforderlich gehalten. Nachbarschaftsbegegnungen, ein Buchprojekt und ein Backhaus machen das eigene Gesicht der Münchener Gärten aus, die mit anderen Interkulturellen Gärten in Austausch stehen.
- In *Nordhausen* entstehen Gärten auf dem Gelände der ehemaligen Kasernen der Grenztruppen im Sperrgebiet der ehemaligen DDR. Es bleibt abzuwarten, was dieser spezielle Ort an Fragestellungen und Antworten ermöglicht.

Was macht den Reiz der Interkulturellen Gärten aus? Was lässt die Projekte erfolgreich werden? Was bewegt so verschiedene Menschen, sich als Gärtner und Gärtnerinnen zu betätigen? Eine mögliche These, die im folgenden Kapitel erläutert wird lautet, dass Gärten Symbole sind und deshalb kulturübergreifend über sich selbst hinausweisen.

4.4 Der Garten als Symbol

In Deutschland wächst das Bewusstsein dafür, dass Umweltkrisen durch menschliches Handeln verursacht werden. Auf dieses Wissen wird mit Appellen zum verantwortlichen Umgang mit der Natur reagiert. Ausgeblendet wird dabei häufig der religiöse Aspekt der Natur, dem im Folgenden nachgegangen werden soll.

Im Christentum verbindet sich mit dem Garten die Vorstellung einer von Gott am Anfang der Welt mit dem Prädikat „sehr gut" versehenen Schöpfung[28]. Gärten werden auf diese Weise zu Symbolen des Paradiesgartens, die Bearbeitung des Bodens zur Teilhabe des Menschen an der Schöpfung Gottes. Im Islam wird das zukünftige Paradies als ein Garten vorgestellt, das Allah als Belohnung für ein ihm wohlgefälliges Leben verheißt. Im Judentum stehen, wie schon beschrieben Gott, Mensch und Umwelt in unmittelbarer Beziehung zueinander.

[28] Siehe die biblischen Schöpfungsberichte in den ersten Kapiteln im Buch Genesis.

Das Wesen von Symbolen ist ihre Mehrdeutigkeit[29]. Symbole lösen wegen ihrer Bedeutungsoffenheit Ambivalenzen aus, eröffnen Freiraum und wirken - anders als Worte - nicht über die Vernunft, sondern über Gefühle und nicht rationale Bereiche des Menschen. Symbole regen die Phantasie an, werden stets auf neue Art erlebt und können dementsprechend vielschichtig interpretiert werden, wodurch sie ihre Lebendigkeit am Leben erhalten. Der Garten als Symbol für den Paradiesgarten ist deshalb

> nie bloße Erinnerung an ein 'verlorenes' Paradies, sondern weckt Visionen und Utopien einer möglichen 'paradiesischen' Zukunft. Wir bleiben darum immer auch 'unterwegs' nach Eden (Eckholt, 2004, S. 158).

Der Garten Eden ist nach Margit Eckhoff (ebd. S. 55ff), Professorin für Dogmatik, sowohl Symbol für Gottes gute Verheißung über dem menschlichen Leben als auch Symbol für die Bedrohung der Schöpfungsvision. Gärten wecken die Erinnerung an den Schöpfer, der sich gärtnerisch betätigt und den Menschen als Gärtner einsetzt, indem er ihm den Auftrag gibt, die Erde zu bebauen. Ein Garten spricht die Kreativität des Menschen an und zeigt zugleich, dass dieser Grenzen gesetzt sind. Er ist demnach keine ruhige Nische, sondern Ort der Entdeckung und Auseinandersetzung. Eden ist beides: Ort der Bestimmung des Menschen und Ort seiner Vertreibung. In Form von Friedhöfen, die in Süddeutschland „Gottesacker“ heißen, erinnern Gärten außerdem an die Unverfügbarkeit des Lebens und dessen Grenze, den Tod. Christen verbinden mit den Gräbern auf den Friedhöfen zugleich den Ort der Auferstehung[30]. Der bosnische Essayist Dzevad Karahasan (2002) erläutert in überzeugender Weise, dass der Garten auch in der islamischen Kultur eine zentrale Rolle spielt. Anhand der Erzählungen von 1001 Nacht, einem Buch, das sich aus vielen Perspektiven heraus mit dem Thema des Gartens beschäftigt, resümiert Karahasan, dass die Essenz des Gartens darin besteht, Inbegriff unbegrenzter Begegnungsmöglichkeiten zu sein.

> Im Garten kann jeder jedem begegnen, im Garten können sich Liebe und Haß, Freundschaft und Feindschaft entwickeln, im Garten erlangte Ali Nur ad-Din die Sultanswürde, während sein Namensvetter, der Kaufmann Ali der Ägypter, in den Gärten verarmte und alles verlor (ebd. S. 18).

---

[29] Vgl. ausführlich Victor Turner (2000), der Symbole als kleinste Einheit des Rituals bezeichnet. Turner hat Rituale in Agrar- und Industrieländern auf ihre Bedeutung für die Mitglieder einer Kultur untersucht. Er fand heraus, dass Übergangsrituale nicht nur einen Angst reduzierenden Rahmen dafür schaffen, die bestehenden Ordnungen einer Gruppe zu erhalten, sondern ihnen gleichzeitig auch das Potenzial zu Veränderungen innewohnt. Turner bezieht sich auf die Dialogphilosophie Bubers (ebd. S. 128ff), wenn er die in Ritualen, wirkende Kraft, die er „spontane Communitas“ nennt, mit Bubers „Ich-Du“ vergleicht.

[30] Vgl. die Geschichte von der Auferstehung Jesu im Johannes Evangelium Kap. 20, 11ff, in der Maria den auferstandenen Jesus nicht erkennt und ihn für den Gärtner der Grabanlage hält.

Karahasan macht in 1001 Nacht öffentliche, halböffentliche und persönliche Gärten ausfindig. Die Gestaltung der persönlichen Gärten zeigt, wie die jeweiligen Besitzer sich das Paradies vorstellen. In Gärten werden Freunde und Verwandte eingeladen. Die Bitte eines Unbekannten, einen Garten betreten zu dürfen genügt, um als Gast willkommen geheißen zu werden. Der Paradiesgarten, ist als Verheißung Allahs „eschatologischer Zufluchtsort" (ebd. S. 35) und somit Mittelpunkt islamischer Kultur.

> Die Beziehung des Paradiesgartens zu den irdischen Gärten ist ausgesprochen ambivalent: er enthält sie alle und macht sie möglich, weil sie nur Nachbildungen seiner Idee, niemals aber dieser Idee würdig sind, und gleichzeitig schließt er sie alle aus, weil er sich erst »öffnen« wird ..., wenn die Zeit aufgehoben ist, also wenn alle irdischen Gärten verschwinden... (ebd. S. 46).

Ohne das ideell existierende System des Paradiesgartens wären die irdischen Gärten nur *ein* Bereich der Kultur unter vielen anderen. So aber erhalten sie ihren Glanz aus der Ewigkeit und können über sich selbst hinausweisend, sowohl horizontale als auch vertikale Verbindungen schaffen.

> Der Garten ist echt, wenn der Baum, die Tomate und der Sand wirklich sind, was sie sind: das, was sie außerhalb des Gartens sind, und gleichzeitig ein wenig mehr, weil sie über sich hinaus verweisen, etwas bedeuten (ebd. S.188).

Wegen dieser Symbolkraft sind nach Karahasan die Dinge im Garten beredt. Menschen vernehmen hier die Stimmen wieder, die sie sonst nicht (mehr) zu hören im Stande sind. Margit Eckholt (2004) weist auf den altiranischen Wortursprung „pairidaeza" und das indogermanische „chórtos" hin, aus dem sich der deutsche Begriff Garten ableitet. Sie bedeuten: Umzäunung, eingefriedeter Raum. Der Garten als Paradiesgarten ist ein abgegrenzter Raum, in dem Natur gehegt und gepflegt wird. Der bewässerte Garten ist eine Oase der Wunder und verbindet Judentum, Islam und Christentum, die drei Religionen, die „aus der Wüste stammen" und deshalb einen besonderen Zugang zu diesem Bild des Gartens zu haben scheinen[31].

[31] Nicht eingegangen werden kann aus Platzgründen auf die Bedeutung des Gartens in anderen religiösen Bezügen. Bekannt ist aber beispielsweise die Bedeutung der zunehmend auch in Deutschland geschätzten Gartenkultur der Japaner. (Einführend s. Iku Hori, 2004, S.175ff, der sich mit der japanischen Naturanschauung in der Gartenkunst beschäftigt, indem er iden Stein als Metapher des Lebens einführt.)

4.5 Gärten: Erfahrungsräume von Nähe, Distanz, Veränderung und Dauer

Im folgenden Kapitel erscheinen die Interkulturellen Gärten als materielle Größen. Mit Hilfe der Unterteilung in spezielle Räume, die den Gärtnern und Gärtnerinnen eröffnet werden, wird ein spezifischer Blick auf die Dimensionen der Gärten als Empowerment Einzelner und der Gestaltung des Miteinanders von Verschiedenen geworfen.

4.5.1 Gemeinschaftsraum zwischen privater und öffentlicher Sphäre

In den Interkulturellen Gärten bearbeiten Einzelne je nach den eigenen Bedürfnissen und Vorlieben private, voneinander abgegrenzte Beete. Diese Parzellen bilden einen Rückzugsort, in dem die Muttersprache gesprochen und an die Vergangenheit des jeweiligen Heimatlandes mit seinen Traditionen angeknüpft werden kann. Die Parzelle ist zugleich Vorzeigeort, in den eingeladen werden kann und Raum für Experimente mit neuen Samen und Pflanzen. Während der Bewirtschaftung der Parzellen entsteht die Souveränität der GärtnerIn.

Außer dem privaten Beet gibt es Gemeinschaftsland, das zusammen bearbeitet wird. Um dies tun zu können, müssen die Einzelnen aus dem Privatraum ihrer Parzelle in die Öffentlichkeit des Gartens heraustreten. Um sich einigen zu können, *wer* welche Arbeit übernimmt, *was* angebaut wird und *wie* der Ertrag später verwendet werden soll, ist es wegen der Vielfalt der Muttersprachen nötig, auf deutsch als die verbindende Sprache zurückzugreifen. Die Vermutung liegt nahe, dass Deutsch mit der Motivation von praktischer Teilhabe am gemeinschaftlichen Gut leichter zu lernen ist als in theoretischen Kursen an einem Schultisch. Müller (2002) fasst die Erfahrungen zusammen:

> Ein erfolgreicher Spracherwerb benötigt eine Einbettung in sinnstiftende soziale Zusammenhänge (ebd. S. 31).

Die Präsenz der anderen ParzellenbesitzerInnen, in Verbindung mit den erworbenen Sprachkenntnissen, die über die Körpersprache hinaus ein begriffliches sich-mitteilen-können eröffnet, ermöglicht die Organisation des alltäglichen Lebens und das Erzählen der eigenen Geschichte. Schwere Erfahrungen von Leid und Verlust gelangen aus der isolierenden Privatheit in die geschützte Öffentlichkeit des Gartens.

> Die Gärten ermöglichen ein Heraustragen und damit 'Sozialisieren' der lähmenden Angst, der Sehnsucht nach dem Verlorenen und des als privat empfundenen Leids in den öffentlichen Raum, der sich auch auf diese Weise neu konstituiert (ebd. S. 69f).

Die erworbenen Sprachkenntnisse bilden die Brücke zur Kommunikation untereinander und darüber hinaus mit der Öffentlichkeit außerhalb der Gartengemeinschaft:

- Zu städtischen Behörden, von denen das Gartenland gepachtet ist
- Zu den deutschen Nachbarn neben dem Wohnheim oder in den angrenzenden Schrebergärten
- Zu den Eltern der KlassenkameradInnen und Lehrkräften der eigenen Kinder...

Die Gärtner und Gärtnerinnen begeben sich in die gesellschaftliche Öffentlichkeit und können ihrerseits diese Öffentlichkeit zu Festen in die Gärten einladen. Dadurch entsteht ein Kontakt zwischen zwei öffentlichen Bereichen, in dem wechselseitig einmal die einen, das andere Mal die anderen „Heimvorteil" genießen.

Interkulturelle Gärten können somit als Vermittlungsräume beschrieben werden, die Menschen aus ihren oft beengten Privatwohnungen einen Übergang zur Öffentlichkeit außerhalb der Gärten ermöglichen. Privates Leben, das für viele Deutsche als Erholungsraum eine positive Konnotation hat, wird von interkulturellen GärtnerInnen immer wieder als schmerzliche Isolierung beschrieben. In der Öffentlichkeit der Gärten, mit ihren privaten und öffentlichen Bereichen kann neue Gemeinschaft entstehen und somit Zugehörigkeit vermitteln, die für Menschen, die aus nicht so individualisierten Ländern wie Deutschland stammen, eine zentrale Bedeutung hat. Die Kombination von privatem und öffentlichem Raum im Garten mit ihrem jeweiligen Freiraum und Forderungsprofil, bietet gute Bedingungen dafür, im eigenen Rhythmus und nach individueller Veranlagung Nähe oder Distanz austaxieren zu können[32], woraus Sicherheit für das Handeln in der Öffentlichkeit außerhalb der Gärten resultieren kann.

4.5.2 Spielregelbasierter Schutzraum

In den Interkulturellen Gärten treffen Menschen mit sehr unterschiedlichen Vorstellungen und Erwartungen an das Konzept, sowie sehr unterschiedlichen Deutschkenntnissen aufeinander. Abbruch und Verlust von materiellen Gütern und sozialen Netzwerken bereiten den Boden für seelische Verletzungen und verstärken die Sensibilität für die Konfliktfelder, die sich nicht nur außerhalb, sondern auch innerhalb der Gärten finden: Sozialneid, Geschlechterungleichheit, Konkurrenz, Angst, zu kurz zu kommen, das Bedürfnis, in besonderer Weise vorzukommen.... Hinzu

[32] Im jüngst eingeweihten „Friedensgarten" in Göttingen finden sich beispielsweise durch Zäune oder lose Bretterverschläge abgetrennte Beete neben Parzellen ohne Einfassung.

gesellen sich schwer durchschaubare politische Hintergrundkonflikte, die die Atmosphäre vergiften können.

Regeln sollen Orientierung schaffen und Sicherheit geben. Sie sollen ein vertrauensvolles Klima ermöglichen, damit sich neue Formen des Miteinanders auf der Basis gegenseitigen Anteilgebens und Anteilnehmens entwickeln können. Verbindliche Absprachen sollen verhindern, dass nur die eigenen Leute in die Gärten Einzug halten können und sich so bestehende Machtverhältnisse aufgrund von Ethnien, Alter, Geschlecht und Milieus fortsetzen.

Den rechtlichen Rahmen für die Gärten bildet die Gründung eines Vereins. Die Regeln, die gelten sollen, sind untereinander auszuhandeln. Interkulturelle Gärten orientieren sich an den bewährten Leitlinien der „Internationalen Gärten Göttingen", die sich als ein „politisch, religiös und kulturell unabhängiges Basisprojekt der Selbstorganisation, in der alle gleich sind und jede Stimme zählt" (Müller, 2002, S. 159) verstehen. Die aus dieser Grundsatzerklärung abgeleiteten Regeln sind das Ergebnis langer Auseinandersetzungen und finden schließlich Ausdruck in einer Satzung und zusätzlichen Vereinbarungen.

Die vielleicht wichtigste Regel betrifft die Ausgewogenheit der Nationalitäten in den Gärten und zieht sich durch die gesamte Satzung der Internationalen Gärten Göttingen, die inzwischen als Mustersatzung fungiert. Sie findet sich in den Paragraphen 2, 4 und 8[33].

- Zielsetzungen:

  „Der Verein versteht sich als ein Forum, in dem aus der Vielfalt von Sprachen, Arbeitsweisen, Kunst und Lebenserfahrungen neue Kommunikationsformen entstehen. In der gleichberechtigten Zusammenarbeit von Menschen aus unterschiedlichen Ländern werden neue Konzepte von Arbeit und gesellschaftlichem Miteinander erprobt" (ebd. §2, 2.1).

- Mitgliedschaft:

  „Das Mitglied hat das Recht: ... eine Parzelle in einem der »Internationalen Gärten« – nach Warteliste – zu bebauen" (ebd. §4, 4.2.6). Konkret heißt dies, dass ein langjähriges Mitglied des Vereins, dass sich um eine freie Parzelle bewirbt und aus einem Land stammt, das unter den ParzellenbearbeiterInnen schon vertreten ist, weiter auf der Warteliste bleibt, während ein gerade eingetretenes Mitglied

[33] Die vollständige Satzung findet sich bei Müller (2002, S. 152 ff).

aus einem noch nicht vertretenen Land sofort eine Parzelle zugesprochen bekommen würde.

- Vorstandszusammensetzung:
  „Zwei Drittel der gewählten Vorstandsmitglieder müssen aus den Reihen derjenigen Personen gewählt werden, die in den „Internationalen Gärten" eine eigene Parzelle bewirtschaften. Bei den Vorstandswahlen sollen Mitglieder aus verschiedenen Herkunftsländern ... berücksichtigt werden" (ebd. §8, 8.2). Der Vorstand besteht aus sieben Leuten.

In den Gärten gilt das Prinzip der Basisdemokratie, was heißt, dass alle bei allen Entscheidungen mitreden können und sollen. Ferner wird auf ein ausgewogenes Geschlechterverhältnis geachtet. Politische Konflikte dürfen nicht in die Gärten hineingetragen werden. Die Mitglieder verpflichten sich zu Beitragszahlungen und zur Leistung von Gemeinschaftsarbeit. Sie stimmen außerdem zu, sich nicht als eigennützige Nische zu verstehen, sondern die Verbreitung und Vernetzung der „Internationalen Gärten" mit voranzutreiben, die sie als „Beispiele einer multikulturellen Welt im Kleinen" verstehen (ebd. §2, 2.6). Wer die gemeinsam erarbeiteten Regeln verletzt, muss im Ernstfall mit Ausschluss aus dem Verein, verbunden mit dem Verlust des Anrechtes auf eine Parzelle rechnen.

4.5.3 Produktiver Lernraum auf der Basis des organischen Naturraumes

Ein Garten ist ein Ort, an dem Menschen mit der Natur in Berührung kommen. Damit wird ein Gegengewicht zum technikdominierten Alltag, verbunden mit der Schnelligkeit seiner Abläufe geschaffen. Im Garten geht es um entschleunigte, kontinuierliche, vom Menschen zu leistende Arbeit. Im Gegensatz zu dem Knopfdruck, der sonst oft ausreicht um eine Maschine in Gang zu setzen, die daraufhin die eigentliche Arbeit verrichtet, spannt die Gartenarbeit den Bogen der Beteiligung des Menschen an Wachstumsprozessen von deren Anfang bis zu ihrem Ende.
Im organischen Naturraum erlebt der Mensch den Rhythmus von Werden und Vergehen. Kahle Äste, die Knospen treiben, die wiederum Blüten hervorbringen und am Ende Früchte tragen, verknüpfen sich mit den produktiven Eigenarten der jeweiligen Jahreszeit, die aufgrund der Verknüpfung mit der Natur erlernt werden können. Wartezeit zwischen Aussaat und Ernte wird sinnvoll gestaltet durch Pflegearbeiten, die das Gedeihen fördern: Gießen, Wildkraut entfernen, Schnecken sammeln,... Wartezeit wird auf diese Weise als sinnvolle Zeit erlebbar. Die Ernte ist Belohnung der Fürsorge. Sie ermöglicht die Selbstversorgung mit frischem Obst, Gemüse und

Kräutern, die für gute Speisen unentbehrlich und teuer, also wertvoll sind. Eine reiche Ernte eröffnet die Möglichkeit, andere zu einer Mahlzeit einzuladen. Blumen als ästhetischer Ausdruck von Überfluss, vermitteln das Gefühl von Luxus. Produziert werden in den Gärten Lebensmittel, die angebaut, verarbeitet und geteilt werden. Produziert wird beim Anblick vertrauter Pflanzen, die im fremden Boden zur Ernte reif werden, Hoffnung für die eigene Verwurzelungsmöglichkeit. Produziert wird Selbstwert, weil Menschen produktiv tätig sein können. Der Lohn besteht nicht im monatlichen Gehalt wie bei der Erwerbsarbeit, sondern im Beitragen können zur Versorgung der Familie. Produziert werden auch Lebensgeschichten, die, angestoßen durch Farben und Gerüche der Natur, aus der Erinnerung erwachen und mitgeteilt werden möchten. Die Bearbeitung des Bodens im Ankunftsland geschieht im Vergleich zu dem, was im Herkunftsland funktionierte und ermöglicht dadurch ein Sammeln von Informationen über das neue Land und die Menschen, die in ihm wohnen. Gelernt wird im natürlichen Kreislauf von Werden und Vergehen die allmähliche Aneignung des neuen Lebensraumes, wobei die wachsende Verbundenheit mit der Fremde und den unbekannten Menschen in ihr von jeder einzelnen GärtnerIn jeweils neu hergestellt werden muss.

4.5.4 Austauschraum des Gebens und Nehmens

Das Prinzip der Gegenseitigkeit ist die Grundlage für das Integrationsverständnis in den Interkulturellen Gärten. Es geht davon aus, dass alle Beteiligten sich durch die Begegnung miteinander und Einflussnahme aufeinander verändern und vorhandene Grenzen verschoben werden. Stehen Geben und Nehmen in einem ausgewogenen Verhältnis zueinander, so bedeutet dies, dass Menschen sich aufeinander verpflichtet haben.

Austausch besteht in den Interkulturellen Gärten auf vielfache Weise. Deutschkurse werden in Anspruch genommen und im Gegenzug angeboten, Landeskunde über das eigene Herkunftsland zu erteilen. Lebensgeschichten werden erzählt und finden ZuhörerInnen. Saatgut wird verschenkt und angenommen und praktische Erfahrungen mit Gartenarbeit ausgetauscht. Gastfreundschaft wird geübt, wenn aus der Ernte Mahlzeiten bereitet werden, zu denen man sich gegenseitig einlädt, Rezepte werden ausgetauscht. Gegenseitigkeit unter Frauen bzw. unter Männern, die in ihren Herkunftsländern oft nach Geschlechtern getrennt in Hilfsbünden organisiert waren, kann aufgrund der Gartengemeinschaft neu hergestellt werden[34] Frauen, denen arbeitsteilig oft die Verantwortung für die Ritualisierung von Gemeinschaft in Form gemeinsamer Arbeit, Mahlzeiten und Feiern übertragen wird, erfahren, dass ihre im Heimatland oft unsichtbare - weil als selbstverständlich vorausgesetzte - Arbeit im Exil sichtbar wird und damit Aufwertung verbunden ist. Der Handlungsspielraum, der daraus entsteht, könnte langfristig ein neues Aushandeln der Stellung von Mann und Frau zueinander ermöglichen. Wie überall, so brauchen auch in den Gärten diese verändernden Aushandlungsprozesse viel Zeit und gehen nicht ohne Konflikte vor sich. Aller Austausch aber dient auch mit seinen konflikthaften Anteilen, die oft mit Strategien aus den Herkunftsländern gelöst werden, der Vergewisserung der Gemeinschaftszugehörigkeit.

4.5.5 Raum mit therapeutischer Wirkung

Christine Plahl (2004, S. 58ff), Professorin für Psychologie an der Stiftungsfachhochschule München im Fachbereich Soziale Arbeit, stellt fest, dass das wissenschaftliche Interesse an gärtnerischer Arbeit zunimmt und eine Schwerpunktverschiebung von der Ökonomie zur Ökologie und neuerdings zur Psychologie hin zu beobachten ist. Das Arbeiten im Garten ist durch das (Wieder)Erkennen des Menschen, Teil der Natur zu sein, gleichzeitig ein Arbeiten an sich selbst. Sie zitiert die umfassenden Arbeiten der Psychologen Kaplan & Talbot, die zu dem Ergebnis kommen, dass allein ein längerer Aufenthalt in der Natur den Anstrengungen des modernen Alltags mit seiner permanenter Reizüberflutung und den Anforderungen, die oft unter Zeitdruck erfüllt werden müssen und dem daraus resultierenden Lebenstempo ein heilsames Gegenwicht bietet. Das Bewusstsein, mit der Natur in Verbindung zu sein, die anderen Gesetzen als der Machbarkeit durch „Daueraufmerksamkeitsleistungen“ (ebd. S. 63) folgt, führt zu einer Kontrollentspannung. GärtnerInnen lernen, dass durch Pflege, zwar kontrollierend auf die Pflanzen Einfluss genommen werden kann, dass aber letztlich Wachstum seinen eigenen Regeln folgt. Unkontrollierbare Wetterbedingungen, unvorhersehbare Schädlingsplagen oder Krankheiten setzen der Kontrolle des Menschen eine Grenze. Auf diese Weise kann die Unverfügbarkeit des Lebens wiederentdeckt werden. Die Folge dieser „anstrengungslosen Aufmerksamkeit“ (ebd. S.63) ist ein Gefühl der inneren Ruhe.

[34] Es muss allerdings angemerkt werden, dass diese neuen Netzwerke sich qualitativ von den bekannten Netzwerken der Heimatländer unterscheiden. Waren diese an Verwandtschaft und Nachbarschaft gebunden, entstehen in den Gärten kulturübergreifende Netzwerke unter Fremden (s. u. 5.2.3).

In besonderer Weise befasst sich die Umweltpsychologie mit dem Thema Mensch und Natur. Sie sieht den Menschen als Teil der Mitwelt[35]. Er wird durch Landschaft und Klima und die gesamte ihn umgebende Umwelt geprägt und wirkt gleichzeitig selber auf diese Umwelt verändernd ein. Diese wechselseitige Einflussnahme steht im Mittelpunkt des umweltpsychologischen Forschungsinteresses, während sich Individual- und Sozialpsychologie für den einzelnen Menschen und seine sozialen Bezüge interessiert. Das Wohlbehagen, das sich in bestimmten Landschaften einstellt, wird als Bevorzugen der einen vor der anderen Landschaft gedeutet und sozial-biologisch zu erklären versucht. Folgerichtig stellt Plahl die Frage, ob es eine Korrespondenz zwischen der uns umgebenden Natur und der inneren Natur des Menschen gibt. Sie beruft sich auf die empirischen Studien des Umweltpsychologenehepaares Kaplan, die belegen, dass Menschen westlicher Prägung hauptsächlich solche Landschaften attraktiv finden, die durch ihre überschaubare Struktur Orientierung erlauben und gleichzeitig durch ihre komplexe und geheimnisvolle Art Neugier und Entdeckerlust wecken. Landschaften also, die unbewusste Grundbedürfnisse des Menschen abdecken.

Mit Riemann (s. o. 2.1) gesprochen, finden sich in diesen Gärten die beiden Grundimpulse Dauer und Veränderung. Bei einem Aufenthalt im Garten werden die Angstmechanismen auf zweifache Weise reduziert. Menschen, die Angst vor dem Wandel haben, können sich der Faszination des Wandels getrost überlassen, weil sie durch eine Mauer oder Hecke begrenzt wird. Menschen, die sich vor Festlegung fürchten, haben dennoch genug Überraschungen innerhalb der Gartenumzäunung zu entdecken.

Eine weitere Fragestellung betrifft das Verhältnis vom Garten mit seiner ureigenen heilenden Wirkkraft und dem Garten als Hilfsmittel zur Therapie. Andreas Niepel (2004) stellt fest, dass es ein beiderseitiges Misstrauen gibt. Die von der gärtnerischen Seite her Argumentierenden befürchten, dass die Verzweckung des Gartens als Dienstmedium für die Therapie dessen heilende Eigenkraft untergräbt; die von der therapeutischen Seite her Sprechenden befürchten bei zu einseitiger Berufung auf die Eigenkraft des Gartens unseriöse Heilungsversprechen, die mit der Krankheit von Menschen Schindluder treiben. Niepel regt einen Dialog zwischen beiden Sichtweisen an. Seiner Meinung nach sind Spezialgärten, die das Potenzial von Gärten therapeutisch nutzen legitim, weil sie konkrete, gesundheitliche Störungen des Men-

[35] Mitwelt im Sinne von *Mit*mensch und Um*welt*.

schen mit einer bestimmbaren Zielrichtung behandeln helfen. Er führt das Beispiel der Blindengärten an, die kompensatorisch arbeiten, die umschlossenen Gärten, die auf demente Erscheinungsbilder des alten Menschen Rücksicht nehmen, Übungsgärten, in denen durch die körperliche Gartenarbeit psychologische Blockaden gelöst werden und Sinnesgärten, in denen über hören und sehen, riechen, schmecken und fühlen die Verbindung zum Innenleben des Menschen hergestellt wird. Darüber hinaus erschöpft sich aber seiner Meinung nach die Kraft des Gartens nicht darin, ein geeignetes Medium für therapeutische Zwecke zu sein. Mit dem interessanten Beispiel eines Klinikgartens (vgl. ausführlich ebd. S. 147ff), der ohne therapeutischen Zweck den Patienten einfach nur zur Verfügung steht, macht er die Möglichkeiten der „'mitschwingenden' therapeutischen Dimension“ (ebd. S. 147) deutlich. Erkrankung, so seine Argumentation, setzt die Vorstellung des gesunden Menschen, Kontrolle über sein Leben zu haben, außer Kraft. Im Garten wirkt das oben bereits genannte Spannungsverhältnis von teilweise kontrollierbaren und der Anerkennung von unkontrollierbaren Prozessen. Das Erleben natürlicher Prozesse, die ohne Zutun des Menschen entstehen und vergehen, wie Blühen und Welken und der Rhythmus von Tag und Nacht, schaffen Entspannung, die ihrerseits eine therapeutische Dimension darstellt. Der Garten genügt sich also aus sich heraus. Er kann zwar nicht die Schäden einer Erkrankung heilen, aber nimmt als Außenraum nachweisbaren Einfluss auf das persönliche Empfinden, das bei Heilungsprozessen einen wichtigen Beitrag leistet. Niepel schließt mit dem Fazit, dass ein gut angelegter Garten die Grundlage für einen wirksamen Therapiegarten ist, denn der Aufenthalt im Garten „stärkt und fördert die positiv wirksamen Teile unserer persönlichen Gesundheit“ (ebd. S.149).

4.6 Das Selbstverständnis der Stiftung Interkultur

Die vielseitige Praxis sowie das steigende Interesse an weiteren Gründungen von Interkulturellen Gärten führte 2003 zur Gründung der Stiftung „Interkultur“. Ihr übergreifendes Ziel ist es, zu einem „veränderten Verständnis von Integration“ (2004, www.stiftung-interkultur.de) beizutragen, indem die Impulse, die von MigrantInnen zur Gestaltung von Gesellschaft ausgehen, aufgegriffen und bekannt gemacht werden. Die Aufgaben der Stiftung als bundesweiter Koordinierungsstelle ergeben sich aus dieser Zielsetzung. Gegenwärtig sind drei Frauen bei der Stiftung angestellt. Sie kümmern sich um

- Öffentlichkeitsarbeit
- Fundraising
- Beratung bei Finanzierung und Aufbau neuer Projekte
- Dokumentation der Erfahrungen in den Gärten
- Vernetzung der Interkulturellen Gärten untereinander
- Begleitforschung unter verschiedenen Fragestellungen zum Thema Integration
- Beteiligung an politischen Debatten und der öffentlichen Förderpolitik durch Transfer von kultur- und religionsspezifischem Wissen in die gegenwärtige Nachhaltigkeitsdebatte
- Weiterentwicklung der Stiftungsidee

Die Stiftung Interkultur versteht sich als Trägerin für interkulturelle Bildungsarbeit, die auf dem Prinzip gleichberechtigter Gegenseitigkeit basiert. Interkulturelle Gärten sind in den Augen der Stiftung „lernende Organisationen“. Die Stiftung fördert und unterstützt die vielfältigen Bereiche des Lernens und versucht, die Lernprozesse als wichtigen Beitrag zur Gestaltung von Migrationsgesellschaft in ihrer gesamtgesellschaftlichen Bedeutung sichtbar zu machen.

5 Zusammenführung und Ausblick

5.1 Interkulturelle Gärten: Eine psychologisch-philosophische Forschungsperspektive

Aus einer doppelten Blickrichtung sollen abschließend einige Schlaglichter auf Theorie und Praxis der Interkulturellen Gärten geworfen werden. Ich hoffe, in der Betrachtung der Interkulturellen Gärten aus psychologischer und dialogphilosophischer Perspektive dem Grundsatz der Stiftung Interkultur treu zu bleiben, die sich um eine *sensible* Begleitforschung müht. Ich verstehe darunter, auf der Grundlage des Respekts vor den Lebensgeschichten *aller* beteiligten Menschen, neben affirmativer Würdigung auch weiterführende Anregungen zu geben und kritische Rückfragen zu stellen.

5.1.1 Das spannungsreiche Verhältnis von Psychologie und Dialogphilosophie

Die Ausführungen in dieser Arbeit haben deutlich gemacht, dass es bei der Betrachtungsweise aus psychologischer Sicht, mit dem Buberschen Vokabular gesprochen, um die analytisch-erklärende Sphäre des Ich-Es geht, während die Dialogphilosophie unter Nutzung von Sprache und Begriffen auf die Ich-Du Sphäre hinweisen möchte. Martin Buber geht es darum, die Wirklichkeit unmittelbarer Beziehung zwischen Mensch und Gott, Mensch und Mensch und Mensch und Natur zu thematisieren. Es geht ihm nicht darum, die Ich-Es Relationen außer Kraft zu setzen.

Psychologie ermöglicht einen unverzichtbaren, differenzierten Einblick in die Ursachen menschlichen Verhaltens, das im Rahmen dieser Arbeit in Bezug zur Angst[36] steht. Die Dialogphilosophie erinnert daran, dass außer der Angst, die auf vielfältige Weise das Miteinander von Menschen behindert, auch das Vertrauen im Menschen wohnt. Während die vorgestellten Ansätze der Psychologie davon ausgehen, dass die Bewusstmachung der unbewusst wirkenden Ängste den Menschen zur Überwindung der Angst und damit zu einem freiheitlichen Leben verhilft, knüpft die Dialogphilosophie an die Sehnsucht im Menschen an. Sie „überspringt" die Angst und zeigt durch das Ich-Du eine angstfreie Wirklichkeit auf, bevor sie zur Angst und ihrer Bewältigung im Ich-Es zurückkehrt. Bubers Dialogphilosophie verlässt sich darauf,

[36] Verena Kast (1997) bemerkt in der Einleitung ihres Buches „Freude, Inspiration, Hoffnung", „... wie wenig in der ... Tiefenpsychologie von Freude gesprochen wird. Die Emotionen der Angst, der Trauer, des Zorns usw. sind wesentlich gegenwärtiger und besser erforscht, wobei die Angst eine zentrale Stelle einnimmt, ja geradezu das Wesen des Menschen erklären soll" (ebd. S. 9). Ohne die Wichtigkeit dieser Grundverfasstheiten zu verleugnen, schafft sie eine Gegenposition, indem sie, in der Tradition C.G. Jungs stehend, das Menschsein von der Freude her verstehbar machen möchte.

dass jedem Menschen die Fähigkeit des Vertrauen-schenken-und-empfangen-könnens innewohnt. Sie will die Tür zur Ewigkeit bzw. Transzendenz offen halten. Ich-Du ist nicht an die Reflektionsfähigkeit oder einen hohen Bewusstheitsgrad des Menschen gebunden, sondern ereignet sich stets als Gnade.

Psychologische und dialogphilosophische Betrachtungsweisen schließen einander nicht aus. Sie geraten auch nicht in Konkurrenz zueinander, denn sie beschreiben und erklären aus miteinander nicht vergleichbaren Perspektiven. Beide Blickrichtungen brauchen einander und ergänzen sich spannungsreich. Für einen fruchtbaren Dialog muss aber stets unterschieden werden, von welcher Sphäre gerade die Rede ist, ferner muss die Bereitschaft bestehen, Ich-Du als Wirklichkeit anzuerkennen.

5.1.2 Die Entstehung der Internationalen Gärten und das echte Gespräch

Den Rahmen für die Entstehung der Internationalen Gärten bietet ein übliches sozialpädagogisches Angebot *für* Flüchtlinge (s. o. 4.1). Mit Hilfe der Kriterien des echten Gespräches (s. o. 3.1.5) können Überlegungen zur Entstehung der Internationalen Gärten als Urzelle der Interkulturellen Gärten angestellt werden.

Bei Tee und Bastelarbeiten stellt die Sozialpädagogin an die „Anderheiten" bosnischer Flüchtlingsfrauen eine Frage, die deutlich macht, dass sie die Vergangenheit der vor ihr sitzenden unbekannten Gegenüber ernst nimmt. Sie lautet: „Was vermisst ihr am meisten hier in Deutschland?" Die Frauen scheinen die Besonderheit des Augenblicks zu spüren, in dem sie als Personen angesprochen sind. Jede für sich formuliert eine eigene Antwort. Die individuellen Überlegungen fügen sich im Austausch zu der gemeinsamen Antwort „unsere Gärten" zusammen. Trauer über Verlorenes und Hoffnung auf dessen Wiedergewinnung in der Zukunft scheinen sich in ihr zu mischen. Durch diese rückhaltlosen Worte vergegenwärtigt sich der Sozialpädagogin die spezifische Situation der Flüchtlingsfrauen. Sie lässt sich ansprechen, ahnend, dass sie ihrerseits zu antworten hat. Zwischen Fragender und Antwortenden ereignet sich echtes Gespräch, in dessen innewerdender Gegenseitigkeit eine neue Qualität von Miteinander wurzelt. Aus sozialen Angeboten *für* Flüchtlinge wird soziale Arbeit *mit* Flüchtlingen. Keine der Buberschen „Spukgestalten" ist am Werk. Es geht weder um die Anwendung einer Erfolg versprechenden Methode und somit um Imagepflege, noch herrscht der Schein von Selbst- oder Fremdbildkonstruktionen (s. o. 3.1.5).

In überzeugender Anschaulichkeit verwirklicht sich in der Entstehungsgeschichte der Internationalen Gärten die gemeinschaftsstiftende Kraft des Ich-Du, die nicht Selbstzweck ist, sondern sichtbaren Ausdruck im Ich-Es nach sich zieht.

> Wo aber das Gespräch sich in seinem Wesen erfüllt, zwischen Partnern, die sich einander in Wahrheit zugewandt haben, sich rückhaltlos äußern und vom Scheinenwollen frei sind, vollzieht sich eine denkwürdige, nirgendwo sonst sich einstellende gemeinschaftliche Fruchtbarkeit (Buber, 1997, S. 295).

Inzwischen ist aus einem „begnadeten“ Anfang ein Konzept geworden, das eine große Nachfrage erfährt und an vielen Orten Deutschlands kreativ kopiert wird. Kommunen sind bereit, trotz Finanzkrise die Entstehung von Interkulturellen Gärten zu fördern, weil sie erfolgreiche Integrationsarbeit gewährleisten. Mit dieser für ein erfolgreiches Projekt unvermeidlichen Entwicklung, besteht die Gefahr der Verzweckung und damit einhergehend der Institutionalisierung und vereinheitlichenden Normierung. Es ist zu hoffen, dass die Stiftung Interkultur sich im Angesicht ihrer zahlreichen Aufgabenstellungen (s. o. 4.6) auch zukünftig prioritär als „Hüterin der Möglichkeit für Vielfalt“ versteht, indem sie weiterhin GründerInnen neuer Gärten dazu ermutigt, von der jeweils spezifischen Situation vor Ort auszugehen und den eigenen Schwerpunkt zu finden. Aus der Perspektive der Dialogphilosophie ist es den existierenden und noch entstehenden Gärten im Sinne der Nachhaltigkeit zu wünschen, dass sich in ihnen Menschen finden, die nicht nur eine Interessengemeinschaft bilden, sondern miteinander durch Dialoge wie den beschriebenen verbunden sind.

Das Nachdenken über das Verhältnis der Entstehung der Internationalen Gärten in Göttingen zu bundesweiten Neugründungen Interkultureller Gärten, eröffnet einen zweiten Fragehorizont. Er betrifft die wissenschaftliche Begleitung. Wissenschaft will nicht (nur) beschreiben und verstehen, sondern (auch) analysieren und erklären. Die dadurch provozierten Festschreibungen tragen ebenfalls zur Verfestigung von dynamischen Prozessen bei. Zunehmendes Forschungsinteresse an den Interkulturellen Gärten macht eine inhaltliche Klärung dessen, was die Mitarbeiterinnen der Stiftung Interkultur unter „sensibler Forschung“ verstehen, erforderlich. Mit anderen Worten: Wer soll mit welchen Methoden forschen dürfen und zu welchem Zweck? Welchen Nutzen haben die Interkulturellen Gärten von der Forschungsarbeit? Wer leistet die aufwendige Betreuung der DiplomandInnen und DoktorantInnen? Von Zeit zu Zeit ist wahrscheinlich auch die noch grundsätzlichere Frage zu stellen: Wie viel Forschung vertragen die Interkulturellen Gärten?

5.1.3 Urdistanz, Beziehung, Ängste und die Bildungsarbeit in Interkulturellen Gärten

Martin Buber geht davon aus, dass der Mensch qua Geburt in die Distanz zur Natur gestellt ist und sich von hier aus seiner Umwelt gegenüber verhalten muss. Das klingt einleuchtend, jedoch gibt Erich Fromm (s. o. 2.2) überzeugend zu bedenken, wie mit Hilfe von Symbiosebildung, Unterwerfung und Herrschaft viele Menschen versuchen, sich dieser Freiheit zu entledigen. Psychologische Erklärungen verdeutlichen somit, was Buber mit „in-Beziehung-sein" *nicht* meint. Buber geht von der Einsamkeit des Individuum aus - wie man dahin gelangen kann, dieses Individuum zu werden beschreibt er in den ersten vier Schritten seines „Heilungsmodells" (s. o. 3.4) nur schemenhaft. Die psychologischen Erkenntnisse helfen, die angestrebte Selbstbesinnung mit Inhalt zu füllen und die individuellen Stichworte des Übens für die Entdeckung des eigenen Weges zu finden.

Für Menschen, die Furcht vor der Freiheit haben und die Riemann als hysterische, depressive und zwanghafte Strukturen (s. o. 2.1.3 – 2.1.6) bezeichnet, ist die Rede von der Urdistanz als Korrektur ihrer Weltsicht wichtig. Es ist ihre Aufgabe, das Individuum-sein als ein unumgängliches Faktum in den Blick zu nehmen. Menschen, die aus der Distanz heraus leben, also Riemanns schizoide Struktur aufweisen, brauchen umgekehrt die Rede, die dazu ermutigt, das Sich-in-Beziehung-setzen ebenfalls zum Menschsein gehörig zu akzeptieren.

In Interkulturellen Gärten treffen sich Menschen, von denen viele die Einbindung in großfamiliäre Netzwerke gewohnt sind und teilweise aus Gesellschaften stammen, die kollektiv organisiert sind. Mit ihrem Wechsel nach Deutschland werden sie abrupt mit einem individualisierten Lebensstil konfrontiert. Während sich dort der einzelne Mensch als Teil eines größeren Ganzen versteht, scheint sich hier das Individuum aus vielen verschiedenen Teilen zusammenzusetzen. Zusätzlich zu den persönlichen Verlusterfahrungen (s. u. 5.3) löst diese Verunsicherung, die nicht leicht zu durchschauen ist, diffuse Angst aus. Die internationale Gemeinschaft der GärtnerInnen knüpft zwar an vertrauten Strukturen gemeinschaftlichen Lebens an, ist jedoch eine völlige Neuschöpfung. Ihr Miteinander hat nicht familiäre, nachbarschaftliche und/oder nationale Kulturelemente zur Grundlage und bezieht sich nicht auf ein soziales Milieu, sondern ist ein Aufeinander-zu von Menschen, die erst einmal nicht zusammen zu gehören scheinen.

In der Literatur finden sich nur sehr vereinzelt Beispiele, anhand derer die Schwierigkeiten der Entwicklung dieser interkulturellen Gemeinschaft aufgezeigt werden. Angst vor Distanz oder Nähe, Veränderung oder Dauer setzen nach psychologischen Erkenntnissen aber unvermeidlich Kräfte frei, die Konflikte, Missverständnisse und Gewaltbereitschaft nach sich ziehen können. Wie wird damit in den Gärten umgegangen? Ist es schon an der Zeit, auch Konfliktsituationen und ihre Lösungen bzw. auch Unlösbarkeiten zum Gegenstand der Forschung zu machen?[37]
Zur Unterstützung eines besseren Selbst- und Fremdverständnisses im Ankunftsland Deutschland scheint es empfehlenswert, Seminare über Grundformen der Angst in den Bildungskanon Interkultureller Gärten aufzunehmen[38].

5.1.4 Die „Anderheit": Unübersehbare Wirklichkeit in Interkulturellen Gärten

Die anthropologische Formulierung der Urdistanz und die Überlegung, dass *jeder* Mensch eine „Anderheit" ist, gehören eng zusammen. Beide Aussagen können, wenn sie als Wirklichkeit angenommen werden, die Fremdenangst reduzieren, weil „anders sein" aus dieser Sicht nichts Besonderes, sondern das Normale ist. „Anderheit" sein heißt gleichzeitig auch einzigartig zu sein und knüpft somit an der Faszination an, die Menschen oft beim Anblick eines Neugeborenen erfasst.

> Mit jedem Mensch ist etwas Neues in die Welt gesetzt, was es noch nicht gegeben hat, etwas Ernstes und Einziges (Buber, 2003, S.16).

Wenn selbst die Begegnung mit einer FreundIn ein „sich hinüber wagen" zu einer „Anderheit" bedeutet, dann ist die Begegnung mit einem Menschen aus einer anderen Nation nur ein relatives, kein absolutes Wagnis mehr. Wer Vertrauen zu einem Menschen entwickelt hat, kann, von dieser Erfahrung mit der „Anderheit" ausgehend, Vertrauen zur Welt entwickeln.

---

[37] In einem Gespräch in einem Göttinger Garten wurden mir auf Nachfrage mehrere Beispiele solcher Konflikte erzählt. Die beeindruckenden intuitiven Lösungsansätze wären es wert, theoretisch reflektiert zu werden.

[38]Geeignetes Material findet sich z. B. bei Christoph Thomann und Friedemann Schulz von Thun (2003), die Riemanns Persönlichkeitsmodell der Grundformen der Angst zu einem Beziehungsmodell weiterentwickelt haben und anhand eines Koordinatensystems Nähe,Distanz und *Dauer*, sowie Nähe, Distanz und *Veränderung* in Beziehung zueinander
setzen. Eine noch differenzierte Sicht auf die Seinsweisen von Menschen, die sich nicht nur auf die Angst bezieht, bietet die Protoanalyse. Das als Enneagramm bekannt gewordene Weisheitswissen bezieht sich sowohl auf die Entwicklungsmöglichkeiten als auch auf die Verwicklungspotenziale eines Menschen und seine Interaktion mit anderen. Einführend vgl. Wilfried Reifharth (1997) und Marie-Anne Gallen und Hans Neidhardt (1994).

Interkulturelle Gärten sind exponierte Begegnungsstätten. Sie bilden keine isolierten Inseln im Niemandsland, sondern sind eingebunden in die jeweiligen Stadtviertel. Die Ausführungen von Mario Erdheim (s. o. 2.3) zeigen, dass NachbarInnen sie als Ballungsraum der Bedrohung oder als Orte, die Neugier wecken wahrnehmen können, wobei die Bedrohung in der Regel die Oberhand zu behalten scheint.

Interkulturelle Gärten sind Räume, in die deutsche NachbarInnen zu Festen, Gartenbesichtigungen und Bildungsveranstaltungen immer wieder eingeladen werden. Die Vielfalt an „Anderheiten", die wegen ihrer äußeren Merkmale als solche unübersehbar ist, macht generalisierende Vorurteile unmöglich, da es keine Homogenität gibt, auf die sie sich beziehen könnten. Weil die *sichtbare* „Anderheit" in den Gärten zum Alltag gehört, bilden Interkulturelle Gärten einen Anschauungsraum für die Einübung in die eher ungewohnte Sichtweise, dass *jeder* Mensch, dem ich begegne, solch eine „Anderheit" ist. Die Gärten werden auf diese Weise zu Lernräumen für die deutschen NachbarInnen ohne Migrationshintergrund, die sich selber dort auch als „Anderheiten" erfahren.

Wenn es gelingt, allmählich Vertrauen zu ihnen zu entwickeln und diese ihrerseits den Kreislauf der Angst vor Bedrohung durch die Fremden und die Angst vor ihrer eigenen Einzigartigkeit zu überwinden im Stande sind, dann beginnt die Wirkung von der Mikroebene in die Makroebene hinein, die sich Bar-On wünscht (s. o. 2.4.4). Es wird für die gesellschaftliche Wirksamkeit der Interkulturellen Gärten viel davon abhängen, ob der Kontakt zu den EinwohnerInnen ihrer Städte gelingt. Ein Forum zum Austausch über das Verhältnis zueinander wäre sicher für die GärtnerInnen verschiedener Interkultureller Gärten genau so gewinnbringend wie für deren NachbarInnen.

Andrea Bärnreuther (2003) beendet ihren Leitartikel für eine Vortragsreihe in Berliner Museen unter dem Thema „Migration – Konstruktionen des Fremden und des Eigenen", als wollte sie den gesellschaftsrelevanten Beitrag der interkulturellen GärtnerInnen unterstreichen:

> Sucht man nach Spuren der Zukunft in der Gegenwart, so zeigen sich Exil und Diaspora, diese extremsten Erfahrungen der 'Fremdheit' und des Heimatverlustes, als stärkste Infragestellung nationaler Kultur und als Herausforderung zu kreativer Gestaltung. Auf der hervorragenden menschlichen Leistung einzelner, diese Herausforderung anzunehmen und Brücken zwischen den Kulturen zu bauen, wird das 21. Jahrhundert aufbauen (ebd.).

5.1.5 Identität durch die Beziehung zu einer religiösen Mitte – relevant für interkulturelle GärtnerInnen?

Wollte man Bubers Identitätsverständnis umreißen, so ergäbe es sich aus seinem Bild vom Menschen. Identität läge demnach weder außerhalb des Menschen noch in ihm. Durch das, was sich zwischen Mensch und Gott, Mensch und Mensch und Mensch und Natur im echten Gespräch ereignet, rührt „das ganz Andere“ an das „Eigene“. Aus diesem Zwischen nährt sich authentisches Leben.

> Diese Augenblicke sind unsterblich, diese sind die vergänglichsten: kein Inhalt kann aus ihnen bewahrt werden, aber ihre Kraft geht in die Schöpfung und in die Erkenntnis des Menschen ein, Strahlen ihrer Kraft dringen in die geordnete Welt und schmelzen sie wieder und wieder auf. So die Geschichte des Einzelnen, so die des Geschlechts (Buber, 1997, S. 34f).

Die vergänglichen Augenblicke des Ich-Du sind unsterblich, weil sie sich aus einer qualitativ anderen Wirklichkeit speisen, die mit „unendlicher Gegenwart“ oder Ewigkeit beschrieben werden könnte. Identität stabilisiert sich, indem der Mensch es dem „ewigen Du“ gleichtut. Dieses umfasst alle Menschen und spricht jeden einzeln mit „Du“ an und ermöglicht damit ein in-Beziehung-sein von Subjekt zu Subjekt. Aus dieser dialogischen Erfahrung heraus wendet sich nun seinerseits der Mensch den Gegenübern in seinem „Stück Welt“ dialogisch zu. Dem identitätsstiftenden „Zwischen“ für Individuen entspricht die gemeinschaftsstiftende Kraft der „Mitte“, zu der alle Mitglieder einer Gemeinschaft je für sich in Beziehung sind. Identität, die durch gemeinsame Religion, Sprache, äußere Merkmale oder durch die Zugehörigkeit zu einer sozialen Schicht oder Nation entsteht, wird als nötige Form des Daseins im Ich-Es nicht geleugnet. Jedoch wird ihr Absolutheitsanspruch in Frage gestellt. Identität wurzelt im Ich-Du, das nicht an Raum und Zeit gebunden ist. Sie nimmt die Gestalt von beschreibbarer Ich-Es Ordnung an und tendiert dazu, sich zu verfestigen und starr zu werden. Jeder echte Dialog verflüssigt die Grenzen der Ich-Es Identität und ermöglicht somit Veränderung, durch die gleichzeitig die dialogische Identität wächst.

In Interkulturellen Gärten treffen Menschen aufeinander, die durch den fremden Kontext in ihrer kulturellen (Ich-Es) Identität verunsichert sind. Sie treten an den „ausgefransten Rand“ ihrer persönlichen Grenzen und sind in gewisser Weise dazu gezwungen, mit völlig fremden Menschen neue Verbindungen einzugehen. Der Garten und die praktische Arbeit in ihm scheinen hierfür eine ermutigende Rolle zu spielen. Der Garten beherbergt mit Erde, Wasser, Pflanzen und Tieren eine Vielfalt an symbolischen Elementen und (s. o. 4.4) weist über sich selbst hinaus auf einen

Schöpfer bzw. auf eine Kraft, die größer als der Mensch ist hin. Wenn die Menschen tatsächlich auf dem Weg nach „Eden“ sind, dann könnte die Erinnerung daran in den symbolreichen Gärten besonders eindrücklich lebendig werden. Neben verbindender Ich-Es Erfahrung gemeinsamer Arbeit, wäre die Einigkeit darüber, dass es zwischen den Menschen und ihren Fähigkeiten eine Ich-Du Wirklichkeit gibt, die alle umschließt, ein gemeinschaftsstiftendes Moment.

Bubers Identitätsvorstellung, die durch Beziehung zum Ewigen genährt wird, schließt ein, auf was die französische Psychoanalytikerin Julia Kristeva (1990) verzichten zu müssen meint und was sie gleichzeitig als das grundlegende psychologische bzw. metaphysische Problem für ein multikulturelles Miteinander ansieht:

> Da ein neues gemeinschaftsstiftendes Band fehlt – eine Heilsreligion, die die Masse der Umherirrenden und Differenten in einen neuen Konsensus einbinden würde, einen anderen als den von »mehr Geld und Güter für alle« -, sind wir das erste Mal in der Geschichte dazu gezwungen, mit anderen, von uns gänzlich Verschiedenen zu leben, und dabei auf unsere persönlichen Moralgesetze zu setzen, ohne dass irgendein unsere Besonderheiten umschließendes Ganzes diese transzendieren könnte (ebd. S. 213).

Bubers „ewiges Du“ ist nicht an eine bestimmte Religion gebunden, die Beziehung zum Ewigen ist Gläubigen aller Religionen möglich. Da jedes echte Gespräch zugleich in die Ewigkeit hineinreicht, sind auch die, die von sich sagen, sie glaubten keinem Gott, durch das Zwischen mit in die Beziehung zum Ewigen eingebunden. Interreligiöser Dialog ist spätestens seit dem 11. September 2001 ein gesellschaftlich hochaktuelles Thema. Einige Interkulturelle Gärten haben es sich zum Schwerpunkt gesetzt (s. o. 4.3). Sind interkulturelle Gärtner und Gärtnerinnen religiöse Menschen? Wenn ja, welche Rolle spielt ihre Vorstellung von Ewigkeit für das Miteinander in den Gärten? Was würden sie zu Martin Bubers Beziehung zum „ewigen Du“ und den daraus folgenden Möglichkeiten für den interreligiösen Dialog sagen?

5.2 Sprache als Ort der Begegnung verschiedener Kulturen

Die Sprache einer Ethnie / einer Nation gilt als Indiz für die darin transportierte, diesem Volk eigene Kultur. Ich habe mit meiner Familie 16 Jahre in Äthiopien gelebt. Als mein Mann in dem kleinen Dorf, wo wir die ersten sechs Jahre verbrachten begann, neben der offiziellen Amtssprache Amharisch, die lokale Sprache des Hadyavolkes zu lernen, versuchte ein äthiopischer Kollege dies zu verhindern. Er warnte seine Landsleute davor, sich als Lehrer zur Verfügung zu stellen und beschwor sie, dem Fremden keinen Einblick in die Geheimnisse des Volkes zu ermöglichen...

Die Sprache der Mehrheitsbevölkerung zu lernen heißt zunächst einmal, fähig zu werden, den Alltag in einer fremden Umgebung zu organisieren. Darüber hinaus jedoch lernt der Fremde im Laufe der Zeit auch das Denken, Fühlen und die Werte der neuen Kultur kennen, und rührt damit an tiefere Schichten der Identität ihrer Mitglieder. Sprachfähig geworden, kann er direkten Kontakt aufnehmen. Fragen und Antworten, die aus seiner eigenen Werteprägung resultieren, können nun ohne ÜbersetzerIn eingebracht werden, was manches Staunen der Einheimischen darüber auslösen kann, dass es für viele Dinge auch ganz andere Perspektiven als die gewohnten gibt. Vielleicht war es die Angst vor dieser Art von Einflussnahme auf die Tradition, die der äthiopische Kollege am meisten fürchtete.

Wenn Menschen aus anderen Kulturkontexten Deutsch lernen, dann nehmen auch sie nicht nur all das in sich auf, was die Sprache beinhaltet, sondern bringen ihrerseits die eigene kulturelle Prägung ins Deutsche hinein. Der iranische Lyriker Said (2004) macht sein Ankommen in Deutschland an dem Tag fest, als ihm klar wird, dass er sich nicht mehr gegen die deutsche Sprache wehrt, sondern sie als Mittel versteht, mit dem er leben kann. Said beschreibt seinen langen Weg der Annäherung an die Sprache und resümiert,

> dann fängt das Vokabular an, lebendig zu werden. es ist keine fremde sprache mehr. es ist nicht dieses: gib acht, dass du richtig sprichst, sondern: versuch, eine formulierung zu finden, die dir entspricht. es war der moment, wo ich eine neue freiheit geschenkt bekommen habe (ebd. S. 33).

Er lässt den Wunsch los, dass die deutsche Sprache ein Teil von ihm werden möge und akzeptiert, dass - umgekehrt - er selber Teil dieser Sprache wird. Weil er sie allerdings als Mensch mit einer konkreten Vergangenheit und geprägt durch geschichtliche, politische, soziale und biografische Umstände spricht, entsteht, ganz im Sinne des Urhebersinnes (s. o. 3.1.4) eine neue Sprache.

> aber das kann man nicht beschließen. das kommt von selbst. auf leisen sohlen. als ein zaubermoment. (ebd. S. 28).

Dass dieser Zaubermoment einhergeht mit schmerzhaften Entfremdungsprozessen verschweigt Said nicht. Die neue Sprache ist eigenwillig, sie wird zum Zwischenland, in dem sich zwei Welten berühren, denn „das stumme denken findet auf persisch statt; das dialogische auf deutsch" (ebd. S. 113).

In den Interkulturellen Gärten wird mit hoher Motivation Deutsch gelernt. Das bestätigt sowohl ein Blick in die Literatur als auch Gespräche mit interkulturellen GärtnerInnen in Dessau, Leipzig und Göttingen. Mehrsprachige Gärtner und Gärtnerinnen, die bereits Deutsch gelernt haben, leisten als Übergang Übersetzerdienste bei Versammlungen und Gesprächen untereinander. Die Sprache des Ankunftslandes zu lernen ist unverzichtbar, um am Leben teilnehmen zu können. Deutschkurse sind ein wichtiger Beitrag, um Teilhabe zu ermöglichen. Eine gemeinsame Sprache ist die Grundlage für den Dialog miteinander. Sie alleine reicht jedoch nicht aus, um einander verstehen zu können, wie die vielfältigen Missverständnisse zwischen Ost- und Westdeutschen zeigen[39].

Wie überraschend ist die Erkenntnis, dass sich mit der Aneignung des Deutschen durch andere Muttersprachler nicht nur Integrationsprozesse im Sinne der Anpassung an das Gastland vollziehen, sondern ebenso die deutsche Sprache durchlässig und damit dialogfähig wird? Weiterer Forschung ist hier ein spannendes Feld eröffnet.

[39] Vgl. Wolf Wagner (1996), der das Phänomen des Kulturschocks auf die Begegnung von Ost- und Westdeutschen anwendet und Olaf Georg Klein (2001), der die verschiedenen Kommunikationskulturen in Ost und West u. a. auf ihr Verhältnis von Nähe und Distanz, Dauer und Veränderung vergleicht.

5.3 Die Theorie der Begriffe und die Praxis des Lebens

Die Stärke von Theorien besteht darin, Komplexität zu reduzieren und anhand einer in sich widerspruchsfreien Argumentationskette Begrifflichkeiten zur Verfügung zu stellen, die durch wissenschaftliche Auseinandersetzung weiterentwickelt werden und zu neuen Theorien führen können. Auf diese Weise entsteht differenzierte Sprachfähigkeit, die komplizierte Sachverhalte Dritten gegenüber mitteilungsfähig macht. So liefert die Theorie der multiplen Identität die Grundlagen zur Dekonstruktion einer als homogen vorgestellten Identität und die Theorie der Transnationalität stellt die Gestaltung des Lebens zwischen den Kulturen als Chance vor. Kaum eine GärtnerIn wird die Theorien kennen, die durchaus die Intellektuellen unter ihnen ermutigen könnte, das Leben aus neuer Perspektive in die Hand zu nehmen. Im Gegensatz zu dieser, vom Handlungsdruck des Alltags befreiten Art des Denkens, besteht die Praxis menschlichen Lebens aus widersprüchlicher Vielschichtigkeit und dem Zwang, unaufhörlich Entscheidungen treffen zu müssen. Die oben genannten Theorien müssen sich nicht um die Frage kümmern, wie mit der dekonstruierten Identität neue Gemeinschaft entstehen kann oder wie man den Schmerz erträgt, der mit dem Leben im „Dazwischen" verbunden ist. Für die Praxis jedoch sind dies lebenswichtige Fragen, die Antwort verlangen. Die vorliegende Arbeit zeigt deutlich, dass die Bereitschaft von Menschen, sich zwischen die Kulturen zu begeben, eine enorme psycho-soziale Leistung ist.

Um sich auf Neues einlassen zu können, muss von Vergangenem Abschied genommen werden. Abschied nehmen heißt loszulassen und somit, Trauerarbeit[40] zu leisten. Was die Verarbeitung von Vergangenem heißt, formuliert eine bosnische Migrantin nach leidvollen Jahren in Deutschland so:

> Verarbeiten bedeutet dabei für mich nicht, das Gewesene auszuradieren, sondern in der Lage zu sein, sich ohne Schmerz daran erinnern zu können (Fritz und Groner (Hg.), 2004, S. VII).

Trauerprozesse benötigen viel Zeit und einen geschützten Rahmen. Diesen bieten Interkulturelle Gärten ihren Mitgliedern und vielleicht ist das ihre eigentliche Stärke. Es gibt in Gärten immer etwas zu tun, Zeit spielt keine Rolle, das lebendige Wachsen und Vergehen der Pflanzen bindet die Schaffenden in den Rhythmus der Natur ein. Vor allen Dingen aber kann man hier Menschen treffen, die zuhören und verstehen. Anders als in den Dialoggruppen Bar-Ons (s. o. 2.4.4), in denen sich im universitär-

[40] Für viele andere vgl. Verena Kast (1999): Trauern. Phasen und Chancen des psychischen Prozesses.

en Rahmen Studierende zum Gespräch treffen, arbeiten in den Interkulturellen Gärten Menschen Seite an Seite und kommen darüber ins Gespräch miteinander. Das Anliegen jedoch ist bei beiden dasselbe: Menschen sollen ermutigt werden, einen neuen Blick auf ihr Leben zu wagen und sich und anderen eine gemeinsame Chance zum Neuanfang zu geben.

Die GärtnerInnen sind aus sehr unterschiedlichen Gründen in Deutschland. Viele sind Flüchtlinge, die der Krieg aus der Heimat vertrieben hat, manche sind auf der Flucht vor Hungersnot in Deutschland gelandet, wieder andere trieb die Hoffnung auf wirtschaftliche Verbesserung hierher, vielfältig sind die Erwartungen von SpätaussiedlerInnen, und zusätzlich leben hier auch die Menschen, die in den 60er Jahren vorübergehend als GastarbeiterInnen geholt wurden und blieben[41]. Der Bildungshintergrund umfasst innerhalb jeder dieser Gruppen sowohl AkademikerInnen und AnalphabetInnen. Letztere können in ihren Herkunftsländern durchaus eine anerkannte soziale Stellung innegehabt haben.

Diese verschiedenen Menschen trennt sehr viel voneinander. Was sie verbindet ist die Erfahrung, etwas Wertvolles zurückgelassen oder gar verloren zu haben: Besitz, soziale Netzwerke, Angehörige. Einigen ist die Rückkehr ins Herkunftsland verwehrt. Auch wenn dort die Eltern sterben sollten, könnten sie nicht an deren Beerdigungsfeier teilnehmen. In einem gesellschaftlichen Umfeld, das den Tod gerne verdrängt, werden Trauernde aus Unsicherheit gemieden. Ein deutsches Volkslied empfiehlt für den Umgang mit aufsteigenden, starken Gefühlen des Verlustes: „Geh dann in mein Kämmerlein, hollahi, hollaho, trage meinen Schmerz allein, holla hiaho". Es suggeriert, dass persönliche Trauer niemand etwas angeht, alles auch gar nicht so schlimm ist und schnell wieder gut werden wird. Eine Frau aus dem Libanon dagegen erzählt mir in Göttingen, dass sie seit dem Tod ihrer Mutter täglich in den Garten kommt, weil sie die Einsamkeit in den eigenen vier Wänden nicht aushält und die Anwesenheit von Menschen, die um den Tod ihrer Mutter und ihre Trauer wissen, als große Hilfe empfindet.

Wenn man bedenkt, dass auch viele Deutsche im Zusammenhang mit dem Zweiten Weltkrieg Flüchtlingsbiographien aufweisen, so ist damit zu rechnen, dass durch die Begegnung mit interkulturellen GärtnerInnen an eigene Erfahrung und Erinnerung

[41] In den Gärten finden sich außerdem die Kinder und Enkelkinder, also die zweite und dritte Generation ein, die hier in Deutschland geboren ist. Ihre Perspektive auf die Herkunftsländer der Eltern und auf Deutschland unterscheidet sich wesentlich von der der ersten Generation und ist eine eigene Arbeit wert.

gerührt wird. Die Angst vor dieser Begegnung mit der eigenen Vergangenheit, die durch den Bezug zum Nationalsozialismus oft auch für die vierte Generation noch mit einem unbewussten Tabu belegt ist, muss bei Versuchen der Annäherung mitbedacht werden[42].

Verena Kast (2004) stellt fest, dass im Trauerprozess immer auch die Frage nach der eigenen Identität gestellt wird. Ihre These lautet, dass Trauern bedeutet, „... sich von einem Beziehungsselbst auf ein individuelles Selbst zurückorganisieren zu müssen" (ebd. S. 9). Mit anderen Worten: Trauern bedeutet immer auch zu lernen, für sich selbst sein zu können.

Wenn die GärtnerInnen ihre Trauer zulassen, der oft schwere Mehrfachverluste zugrunde liegen und sich ihren nicht selten traumatischen Erinnerungen stellen, dann sind sie wie alle Trauernden hochsensibel. Dies bezieht sich sowohl auf ungeduldige Reaktionen wie auch auf anteilnehmendes Zuhören ihrer Mitmenschen. Die Frage, welcher Nation eine aufmerksame ZuhörerIn angehört oder zu welcher Religion sie sich bekennt wird für die Dauer des Gespräches nebensächlich.

In vielen Herkunftsländern der interkulturellen GärtnerInnen ist Sterben und Tod nicht tabuisiert. Es gibt eine Fülle ritueller Formen von Trauerbegleitung und – gestaltung, die den Übergang, sich in der veränderten Situation auf das Leben erneut einlassen zu können ermöglichen. Hier gäbe es wahrscheinlich eine Fülle wichtiger Anregungen, um Zugang zum Umgang mit Verlust und Mut zum Weiterleben zu bekommen. Es wäre zu prüfen, welche Formen in den deutschen Kontext übersetzt werden könnten, um Menschen zum Trauern zu befähigen.

Diese Überlegungen lösen zwei Fragen aus, denen sowohl theoretisch als auch praktisch weiter nachgegangen werden könnte:

1. Gibt es bereits Trauerrituale in den Gärten? Wenn es sie gibt, welche sind das? Wenn es sie nicht gibt, wäre es wünschenswert, gemeinsame Rituale zu entwickeln?

---

[42]Alexander und Margarete Mitscherlich (1967) untersuchten die Unfähigkeit zu trauern als Kollektivphänomen des gesamten deutschen Volkes, das sich nach dem Trauma des Nationalsozialismus in den Aufbau und den damit verbundenen Wohlstand flüchtete, statt sich der Auseinandersetzung ihrer Mitschuld an den Gräueltaten zu stellen. Mit dem gegenwärtigen Umbau der sozialen Sicherungssysteme in Deutschland, werden massive Ängste freigesetzt, die an diese unbewussten Fluchtmechanismen rühren. Es deutet sich an, dass die Angst Menschen auch heute Wege zur Abwehr in Form neuer Sicherungssysteme bahnt. Die Begegnung in Interkulturellen Gärten böte eine Chance, sich nachträglich mit dem eigenen Opfer *und* Täter sein zu identifizieren, der damit verbundenen Schuld, Trauer und Scham (ebd. S. 36) standzuhalten und die monolithischen Selbst- und Feindbilder in Frage zu stellen. So könnte endlich Neues werden. Auf die Hilfe von psychologisch ausgebildeten Experten wird dabei wahrscheinlich nicht verzichtet werden können.

2. Wer sind „die Deutschen“ in den Gärten und welche Rolle spielen sie im Miteinander? Meine Hypothese lautet, dass sie Menschen sind, die entscheidende Erfahrungen des kulturellen und sozialen Verlustes mit den MigrantInnen teilen.[43]

Unter dem Titel „Third Culture Kids“ beschreiben David Pollock und Ruth Van Reken (2003) mit „analytischen Scharfsinn“ und „Liebe zum einzelnen Menschen“ (ebd. S. 8) die Verhaltensmuster und Reaktionen von Kindern und Jugendlichen, die durch die Berufstätigkeit der Eltern als Botschaftsangehörige, Industrielle oder Missionare in Kontakt mit mehreren Kulturen kamen und nun in einem hochmobilen Lebensstil an der Grenze zwischen den Kulturen eine transnationale „Dritte Kultur“ ausbilden. Die Reflektionen eines erwachsen gewordenen „Third Culture Kid“ zum Thema Trauer sollen exemplarisch verdeutlichen, dass es auch in der Mehrheitsgesellschaft immer Menschen gibt, die aus verschiedenen Gründen die Erfahrungen teilen, kulturelle Identität verloren zu haben.

> Der Umgang mit der angesammelten Trauer zu vieler Abschiede ist ein wesentlicher Teil des Erbes der globalen Nomaden[44].Warum widerstrebt es uns aber dann so sehr, darüber zu reden? Wenn wir unser Leid verschweigen, bedeutet das nur, dass es länger dauern wird, bis wir es loslassen und vorwärts gehen können (ebd. S. 354).
> Wir müssen unserer Trauer Würde geben und soziale Strukturen schaffen – wenn nicht auf institutioneller, dann auf persönlicher Ebene -, wo wir unseren Schmerz über verlorene Freundschaften, verlorene Orte und verlorene Identitäten beim Namen nennen können. .... Die westliche Gesellschaft ist dafür berüchtigt, dass sie mit Trauer nicht gut umgehen kann. Der Tod ist der einzige schwere Verlust, für den wir öffentliche Trauerrituale haben (und selbst die verlaufen meist noch sehr zurückhaltend). .... Aus meinen eigenen Kämpfen mit Trauer und Depression habe ich gelernt, dass der Heilungsprozess immer länger dauert, als andere es für angemessen halten, und darüber hinaus, dass die, die ähnliche Verlust oder Identitätsprobleme nicht selbst erlebt haben, das nie wirklich verstehen werden (ebd. S. 354-359).

Es scheint an der Zeit, auch „die Deutschen“ in den Gärten und deren Nachbarschaften in die Forschung mit einzubeziehen.

---

[43] Pillipp Hauenstein (2002) beschäftigt sich mit deutschen und anderen Ausländern, die in Übersee tätig sind und trotz gelungener Integration subjektiv das Gefühl haben, in der „Kultur der Anderen“ doch nur Gast zu sein. Er geht der Frage nach, ob dieses „Randdasein“ nur eine Zumutung ist, oder ob darin auch Chancen liegen, völlig Neues zu entdecken.

[44] Die Formulierung „globaler Nomade“ ist die Weiterentwicklung des ursprünglichen Begriffes der „Dritten Kultur“.

5.4 Ausblick

Im Laufe der Geschichte des Abendlandes sind durch die Begegnung mit dem Fremden drei Modelle für den Umgang mit ihm entstanden, die sowohl Errungenschaften beinhalten, die beibehalten werden sollten, als auch Konsequenzen aufweisen, die zeigen, dass die Zeit reif ist für ein neues Modell interkultureller Begegnung. Für Gesellschaften, in denen Menschen verschiedener Nationen und einer Vielzahl von Lebensformen so dicht beieinander wohnen wie in Deutschland, ist keines der Modelle mehr tauglich. Theo Sundermeier (1996, S. 72ff) hat, auf der Suche nach einem vierten Weg die drei bereits bekannten Pfade zusammengefasst. Seine Darstellung dient an dieser Stelle dem Rückblick auf die in verschiedenen Kapiteln dieser Studie aufgeworfenen Aspekte des Umgangs mit dem Fremden.

- Das *Gleichheitsmodell* negiert die Fremdheit des anderen. Bis auf Standesunterschiede werden Menschen als Gleiche (z. B. Geschöpfe Gottes) angesehen, was allen dieselbe Würde zuspricht. In diesem Modell gilt es allerdings bei der Begegnung mit Fremden zu klären, ob diese denn Menschen sind oder nicht. Wenn ja, resultiert daraus die Frage, wie wir uns miteinander verständigen können. Wird der Fremde zum potenziellen Menschen erklärt, besteht die Aufgabe, ihn durch die „richtige" Religion oder Zivilisationserrungenschaften zum „vollen" Menschen zu machen. Wird die Frage negativ beantwortet, wird der Fremde zum Objekt, der ohne Gewissensbisse versklavt oder verkauft werden kann[45].
- Im *Alteritätsmodell* geht vom Fremden Bedrohung *und* Faszination aus. Das Modell akzeptiert die Existenz der Andersheit und respektiert Vielfalt. Wird der Fremde zum Feind erklärt, folgt daraus der Kampf um Leben und Tod; überwiegt die Faszination, so kann daraus Entfremdung der eigenen Kultur gegenüber resultieren. Wird der Fremde als eine Mischung aus Bedrohung und Faszination wahrgenommen, kann er zum Gast erklärt werden. Eine Sonderform, die den Gaststatus auf Dauer stellt, besteht darin, den Fremden zum Hilfsbedürftigen zu erklären. Diakonisches Handeln, das sich bemüht, seinen Mangel auszugleichen, schafft für die HelferInnen eine „Position der Stärke", die Kontakt ermöglicht und Bedrohung mindert.
- Im *Komplementaritätsmodell* erscheint der Fremde als Ergänzung zum „Eigenen". Das Ich kann in diesem Modell nicht ohne ein anderes gedacht

[45] … oder wie die Juden im Dritten Reich zu Ungeziefer erklärt, dass vernichtet werden muss, weil es Schaden anrichtet (vgl. Mitscherlich, 1967, S. 29).

> werden. Fremdbegegnung dient der eigenen Bereicherung, gleicht einem Umweg zu sich selbst. Der Fremde dient als Spiegel, in den zu schauen das eigene Ich stärkt. Die narzistische Selbstreflexivität bezeichnet die untergründige Verachtung des Fremden, um den es im Grunde gar nicht geht.

So wie Sundermeier, suchte auch diese Studie nach einem anderen Weg, der die Paradoxe

> … bei sich selbst und gleichzeitig beim Fremden sein, Fremdheit akzeptieren, die dennoch Vertrautheit nicht unmöglich macht, Distanz halten, die Nähe ist und ein Mitsein mit dem anderen einschließt (ebd. S. 132).

Sundermeier, der Bubers Dialogphilosophie als Sonderform unter das Komplementaritätsmodell subsumiert, begibt sich in den Raum der asiatischen Philosophie, um eine Antwort zu finden. Es wurde allerdings im zweiten Hauptteil dargestellt, dass Buber mit der anthropologischen Kombination aus Urdistanz und Beziehung und der vergegenwärtigenden Umfassung des echten Gesprächs genau diese „Quadratur des Kreises" leistet. Während die Dialogphilosophie Rahmen und Hintergrund für das Bild vom interkulturellen Miteinander liefert, ergänzen die Psychologen mit ihren gründlichen Forschungen dessen konkrete Figuren.

Es sind vornehmlich jüdische Denker, die im Rahmen dieser Studie zu Wort kommen. Sowohl Buber, als auch Freud, Fromm und Bar-On gehören dem Volk an, das seit seiner Entstehung ruhelos durch die Welt wanderte, immer wieder verfolgt wurde und seit der Staatsgründung Israels große Mühe hat, sich mit dem dort bereits lebenden Volk der Palästinenser über die Rechte am Land zu einigen, an dem für beide Völker Identität hängt. Diese Vergangenheit, die in die Gegenwart hineinreicht, ermöglicht den oben genannten eine tiefgreifende Auseinandersetzung mit dem Leben in der Fremde, der dabei erlebten Angst und dem Umgang mit Fremden. Die drei Psychologen machen darauf aufmerksam, dass Angst zum menschlichen Leben gehört und Leiden verursacht. Abhängig davon, wie viel Leiden ausgehalten werden kann, bzw. wie viel Angst zugelassen werden kann, entwickelt sich die Fähigkeit, dem fremden Anderen begegnen zu können. Während Freud sich vom jüdischen Glauben distanziert, Fromm auf das jüdische Erbe zurückgreift und Bar-On es nicht thematisiert, ist die Verbundenheit mit Gott aus Bubers Philosophie nicht wegzudenken. Allen ist es ein wichtiges Anliegen, Menschen dazu zu ermutigen, die Freiheit, ein eigenverantwortliches Individuum zu sein und die damit verbundene Einsamkeit anzunehmen. Mit ihr einher geht zunehmende Selbstreflexivität, die es ermöglicht, sich selbst als einzigartig wahrzunehmen. Dialogisches Leben wird beschrieben als eine experimentelle Lebensform, die Selbstwissen voraussetzt und produziert und die Bereitschaft weckt, Eigenes im Fremden und Fremdes im Eigenen zuzulassen. Diesem nötigen ersten Schritt muss der zweite folgen, nämlich den Blick von sich selber abzuwenden und sich dem anderen Menschen in seiner Komplexität zuzuwenden. Vertrauen ist dabei das Element des Ich-Du, das die Angst des Ich-Es für einen entscheidenden Augenblick außer Kraft setzt, zu der nach Beendigung der Beziehung jedoch stets zurückgekehrt werden muss.

Im Zuge der Globalisierung, sind Menschen zunehmend gezwungen, mobil zu sein und den Wohnort flexibel dem stets wechselnden Arbeitsplatz anzupassen. Das bedeutet, vertraute regionale Räume und soziale, gewachsene Beziehungen immer wieder zu verlassen und die Erfahrung von fremd sein im eigenen Land zu machen. Integration im Sinne der Interkulturellen Gärten als „Wurzeln schlagen in der Fremde“ als die, die wir durch unsere Vergangenheit geworden sind und bereit werden, Veränderungen zuzulassen, ist deshalb für Deutsche ohne Migrationshintergrund ebenso relevant, wie für Menschen mit unterschiedlichen Migrationshintergründen. Die Grenze wird im vierten Modell zum „Zwischenland noch nie da gewesener Möglichkeiten“. Bei diesem Integrationsverständnis geraten stets *alle* Beteiligten in Bewegung bei der Neubestimmung des eigenen Verhältnisses zu Dauer, Veränderung, Nähe und Distanz.

Diese Studie entstand auf dem Hintergrund täglicher Schreckensnachrichten über brutale Terroraktionen, die wiederum verstärkte Sicherheitsmaßnahmen nach sich ziehen. Erschütterung hat wohl weltweit die Geiselnahme im südrussischen Beslan ausgelöst. Eine Einschulungsfeier dazu auszunutzen, um hunderte Kinder, Jugendliche, Eltern und Großeltern in eine Turnhalle zu pferchen, Stolperdrähte zu verlegen, die bei Berührung sichtbar angebrachte Bomben zünden und all dies für die Öffentlichkeit zu filmen – das ist eine grausame Art, den Wert menschlichen Lebens zu negieren. Das Eintreten für einen Ansatz interkulturellen Miteinanders über den langsamen Prozess der Entwicklung dialogfähiger Menschen, gerät angesichts dieser Wirklichkeit leicht ins Wanken. Es ist ermutigend, dass die psychologische Forschung Fromms in der Auseinandersetzung mit dem Faschismus geschah und Martin Bubers Dialogphilosophie nicht im Elfenbeinturm entstand, sondern vor, während und nach den Jahren des Nationalsozialismus. Gerade *weil* es die schrecklichen Taten gab, wollten beide dazu beitragen, einen alternativen Weg aufzuzeigen. In der 1923 verfassten Grundschrift „Ich und Du“ findet sich eine Stelle, die danach fragt, ob es Menschen gibt, die kein wirkliches Verhältnis zu einem Du kennen, sondern ausschließlich im Ich-Es leben. Am Beispiel Napoleons antwortet Buber (1997) dass es neben der Person des Ich-Du und dem Eigenwesen des Ich-Du ein drittes gibt,

> … das dämonische Du, dem keiner Du werden kann.… Diesen Dritten gibt es, schicksalhaft ragend in Schicksalszeiten: dem alles zuglüht und der selbst in einem kalten Feuer steht; zu dem tausendfache, von dem keine Beziehung führt; der an keiner Wirklichkeit teilnimmt und an dem unermesslich teilgenommen wird als an einer Wirklichkeit (ebd. S. 70f).

Das Ich eines solchen Lebewesens behandelt auch sich selbst als Ich-Es. Hier hört das Mensch-sein auf, worüber aber Buber nicht zu Gericht sitzen will. Er ruft vielmehr dazu auf, es diesen Menschen nicht gleichzutun, sondern der grausamen Wirklichkeit standzuhalten und zu widerstehen, wozu gewiss alle Kräfte im Menschen gebündelt werden müssen, damit sie in die Entscheidung für ein dialogisches Leben eingehen können.

Der Titel meiner Studie lautet: „Schritte auf dem Weg zum Miteinander in der multikulturellen Gesellschaft". Er suggeriert, dass es dieses Miteinander geben kann. Was ist mit dieser Vorannahme durch die wissenschaftliche Auseinandersetzung geschehen? Ich möchte das Ergebnis meiner Forschungen zu dieser Frage so zusammenfassen:

Können wir als Verschiedene so leben, als gehörten wir zusammen?

- Ja – antwortet Martin Buber, denn das Vertrauen, das sich aus Antwort auf die Erfahrung der Zuwendung Gottes zum Menschen speist ist stark genug, um die Angst immer wieder zu überwinden.
- Es ist sehr schwer! Die Menschen haben viele Ängste und noch mehr Wege, ihnen auszuweichen. Erwartet nicht zu viel! – mahnen Riemann, Fromm, und Bar-On.
- Auch gesellschaftlich wird Unbewusstheit produziert, die Miteinander verhindert – ergänzt Erdheim.
- Wir *müssen* es lernen – fordert sachlich unsere globalisierte Lebenswirklichkeit.
- Wir haben begonnen. Kommt und besucht uns! – laden die GärtnerInnen in Göttingen ein.
- Fangen wir an und sehen wir, wohin uns das Experiment führt – ermutigen die Gärtner und Gärtnerinnen in neu gegründeten Interkulturellen Gärten.
- Wir wollen diese Praxis wissenschaftlich reflektieren – bieten die Mitarbeiterinnen der Stiftung Interkultur an.

Die Antworten gehören zusammen, brauchen einander. Keiner dieser Schritte ist entbehrlich auf dem Weg, der trotz allem ein erreichbares Ziel hat: Das Miteinander von Verschiedenen.

6 Literaturverzeichnis

Bar-On, Dan 2001: Die „Anderen“ in uns. Dialog als Modell der interkulturellen Konfliktbewältigung. Fulda: Fuldaer Verlagsagentur.

Bracht, Elke 1994: Multikulturell leben lernen. Psychologische Bedingungen universalen Denkens und Handelns. Heidelberg: Roland Asanger Verlag.

Buber, Martin 1958: Schuld und Schuldgefühle. Heidelberg: Lambert Schneider.

Buber, Martin 1978: Urdistanz und Beziehung. 4. Auflage, Heidelberg: Lambert Schneider.

Buber, Martin 1985: Pfade in Utopia. Über Gemeinschaft und deren Verwirklichung, 3. Auflage, Heidelberg: Lambert Schneider.

Buber, Martin 1986a: Begegnung. 4. Auflage, Heidelberg: Lambert Schneider.

Buber, Martin 1986b: Bilder von Gut und Böse. 4. Auflage, Heidelberg: Lambert Schneider.

Buber, Martin 1993a: Nachlese. 3. Auflage. Gerlingen: Lambert Schneider.

Buber, Martin 1993b: Der Jude und sein Judentum. Gesammelte Aufsätze und Reden, 2. Auflage, Gerlingen: Lambert Schneider.

Buber, Martin 1994: Gottesfinsternis. Mit einer Entgegnung „Religion und Psychologie“ von C.G. Jung, 2. Auflage, Neuausgabe. Gerlingen: Lambert Schneider.

Buber, Martin 1997: Das Dialogische Prinzip. Ich und Du, Zwiesprache, Die Frage an den Einzelnen, Elemente des Zwischenmenschlichen, 8. Auflage, Gerlingen: Lambert Schneider.

Buber, Martin 2000: Reden über Erziehung. Rede über das Erzieherische, Bildung und Weltanschauung, Über Charaktererziehung, 10. Auflage. Gütersloh: Lambert Schneider/Gütersloher Verlagshaus.

Buber, Martin 2003: Der Weg des Menschen nach der chassidischen Lehre. Sonderausgabe der 14. Auflage. Gütersloh: Lambert Schneider/Gütersloher Verlagshaus.

Bunte Gärten Leipzig: http:// www.bunte-gaerten-leipzig.de, eingesehen am 24. 8. 04.

Eckholt, Margit 2004: Unterwegs nach Eden. Eine kleine Motivgeschichte des Gartens aus theologischer Perspektive. In: Callo, C., Hein, A., Plahl C. (Hg) 2004: Mensch und Garten. Ein Dialog zwischen Sozialer Arbeit und Gartenbau. S. 155 -175. Norderstedt: Books on Demand GmbH.

Erdheim, Mario 1991: Psychoanalyse und Unbewußtheit in der Kultur. Aufsätze 1980-1987, S. 191-252, 2. Auflage, Frankfurt am Main: Suhrkamp.

Faber, Werner 1962: Das Dialogische Prinzip Martin Bubers und das erzieherische Verhältnis. S. 32ff. Ratingen: A. Henn Verlag.

Freud, Anna 2003: Das Ich und die Abwehrmechanismen. 18. Auflage, Frankfurt: Fischer Taschenbuch Verlag.

Fritz, Florian, Groner, Frank (Hg.) 2004: Wartesaal Deutschland. Stuttgart: Lucius&Lucius Verlagsgesellschaft.

Fromm, Erich 1980: Die Furcht vor der Freiheit. 11. Auflage, Frankfurt: Europäische Verlagsanstalt.

Gallen, Marie-Anne und Neidhardt, Hans 1994: Das Enneagramm unserer Beziehungen. Verwicklungen, Wechselwirkungen, Entwicklungen. Reinbeck bei Hamburg: Rowohlt.

Hori, Iku 2004: Der Stein als Metapher des Lebens. Die japanische Naturanschauung in der Gartenkunst. In: Callo, C., Hein, A., Plahl C. (Hg) 2004: Mensch und Garten. Ein Dialog zwischen Sozialer Arbeit und Gartenbau. S. 155 -175. Norderstedt: Books on Demand GmbH.

Interkulturelle Gärten: http:// www.stiftung-interkultur.de Überblick über die verschiedenen Gartenprojekte, eingesehen am 10. 08. 04.

Karahasan, Dževad 2002: Das Buch der Gärten. Grenzgänge zwischen Islam und Christentum. Frankfurt am Main und Leipzig: Insel Verlag.

Kast, Verena 1999: Trauern. Phasen und Chancen des psychischen Prozesses. Stuttgart, Zürich: Kreuz Verlag.

Kast, Verena 2002: Der Schatten in uns. Die subversive Lebenskraft. München: DTV

Kast, Verena 2004: Sich einlassen und loslassen. Neue Lebensmöglichkeiten bei Trauer und Trennung. Freiburg im Breisgau: Herder.

Klein, Olaf Georg 2001: Ihr könnt uns einfach nicht verstehen! Warum Ost- und Westdeutsche aneinander vorbeireden. Frankfurt am Main: Eichborn AG.

Kristeva, Julia 1990: Fremde sind wir uns selbst. Frankfurt am Main: Suhrkamp.

Luther, Martin 1975: Die Bibel. Stuttgart: Biblia Druck. Stellvertretend für alle anderen Bibelübersetzungen.

Matt-Windel, Susanna 2004: Werden am Du – Dialogik in der Eltern-Kleinkind Beratung. Stuttgart: ibidem

Mitscherlich, Alexander und Margarete 1967: Die Unfähigkeit zu trauern. Grundlagen kollektiven Verhaltens. München: Piper.

Müller, Christa 2002: Wurzeln schlagen in der Fremde. Die internationalen Gärten und ihre Bedeutung für Integrationsprozesse. München: Ökom Verlag.

Müller, Christa, Werner Karin (o. J.): Von der Kultur zur Interkultur. Begriffliche Grundlagen der modernen Migrationsgesellschaft. Feature für den Hessischen Rundfunk. http://www.stiftung-interkultur.de/feature_kultur_interkultur.pdf. eingesehen am 09. 07. 04.

Muth, Cornelia 1998: Erwachsenenbildung als transkulturelle Dialogik. Schwalbach: Wochenschau Verlag.

Muth, Cornelia 2001: Martin Buber. Der Andere ist der Weg. Gütersloh: Kiefel/Gütersloher Verlagshaus.

Muth, Cornelia 2001: Zwischen Gut und Böse: Mit Martin Bubers sechs Schritten nach der chassidischen Lehre das eigene Leben gestalten. Gütersloh: Gütersloher Verlagshaus.

Nieke, Wolfgang 1990: Zur Theorie interkultureller Erziehung. Kulturrelativismus als Herausforderung für die Pädagogik. Unveröffentlichtes Manuskript. In: Bracht, Elke 1994: Multikulturell leben lernen. Psychologische Bedingungen universalen Denkens und Handelns, S. 37, Heidelberg: Roland Asanger Verlag.

Nieke, Wolfgang 1995: Interkulturelle Erziehung und Bildung. Wertorientierungen im Alltag, Reihe Schule und Gesellschaft Bd. 4, Opladen: Leske + Budrich.

Niepel, Andreas 2004: Therapeutische Dimension von Klinikgärten. In: Callo, C., Hein, A., Plahl C. (Hg) 2004: Mensch und Garten. Ein Dialog zwischen Sozialer Arbeit und Gartenbau. S. 142 -155. Norderstedt: Books on Demand GmbH.

Plahl, Christine 2004: Psychologie des Gartens. Anmerkungen zu einer natürlichen Beziehung. In: Callo, C., Hein, A., Plahl C. (Hg) 2004: Mensch und Garten. Ein Dialog zwischen Sozialer Arbeit und Gartenbau. S. 47 – 74. Norderstedt: Books on Demand GmbH.

Pollock, David, Reken Van, Ruth, Pflüger, Georg 2003: Third Culture Kids. Aufwachsen in mehreren Kulturen. Ulm: Ebner & Spiegel.

Reifarth, Wilfried 1997: Das Ennegramm. Idee Dynamik Dimensionen. Ein Lernbuch mit Illustrationen von Elisabeth Holz. Augsburg: Joh. Walch GmbH & Co.

Riemann, Fritz 1979: Grundformen der Angst. Eine tiefenpsychologische Studie, 14. Auflage, München Basel: Ernst Reinhardt Verlag.

Said 2004: In Deutschland leben. München: c. h. Beck.

Schaeder, Grete (Hg.) 1972: Martin Buber. Ein biografischer Abriß, in: Martin Buber. Briefwechsel, Bd. 1, S. 14ff. Heidelberg: Lambert Schneider.

Schaeder, Grete (Hg.) 1975: Martin Buber. Briefwechsel Bd. 3, S. 92-95, 96, 117-119, 213. Heidelberg: Lambert Schneider.

Schulz von Thun, Friedemann 2001: Miteinander Reden. Das „Innere Team" und Situationsgerechte Kommunikation, Sonderausgabe, Reinbeck: Rowohlt.

Sundermeier, Theo 1988: Nur gemeinsam können wir leben. Das Menschenbild schwarzafrikanischer Religionen. S. 262 – 272. Gütersloh: Gütersloher Verlag.

Sundermeier, Theo 1996: Den Fremden verstehen. Eine praktische Hermeneutik, Göttingen: Vandenhoeck & Ruprecht.

Thoman, Christoph und Schulz von Thun, Friedemann 2003: Klärungshilfe 1. Handbuch für Therapeuten, Gesprächshelfer und Moderatoren in schwierigen Gesprächen. Reinbeck bei Hamburg: Rowohlt.

Turner, Victor 2000: Das Ritual. Struktur und Anti-Struktur, Studienausgabe, 9. Auflage 1969, Frankfurt/New York: Campus.
Tyrangiel, Harry 1981: Martin Buber und die Psychotherapie. Abhandlung zur Erlangung der Doktorwürde der Philosophischen Fakultät der Universtität Zürich, Zürich: ADAG Administration & Druck AG.

Wagner, Wolf 1996: Kulturschock Deutschland. Hamburg: Rotbuch-Verlag.
Werner, Hans-Joachim 1994: Martin Buber. Frankfurt am Main; New York: Campus.

***ibidem*-Verlag**
Melchiorstr. 15
D-70439 Stuttgart

info@ibidem-verlag.de

www.ibidem-verlag.de
www.edition-noema.de
www.autorenbetreuung.de

Zeitfracht Medien GmbH
Ferdinand-Jühlke-Straße 7
99095 Erfurt, Deutschland
produktsicherheit@kolibri360.de